# 軌道を描いて

梁 勇基

# プロローグ

２０２３年11月12日、ホーム・ユアテックスタジアム仙台、町田ゼルビア戦。

これが、最後のプレーになるかもしれない――。

そう思うことも多くなった２０２３シーズン。このときはほぼ確信に変わっていた。
そんな気持ちで立った、直接フリーキックのポイント。試合は１‐３、もうアディショナルタイムに入っている。89分に呼ばれ、ピッチに入った。それからここまで、結果を残さなければいけない状況で、僕はまだ何もできていない。

もう、試合をひっくり返すのは厳しいかもしれない。でも今までだって、最後までその可能性を諦めずにきたじゃないか。

このプレーで何かを変えられる、変わるはずだ――。

ふと、2008年の入れ替え戦が頭をよぎる。

ゴールだけしか見ずに蹴ったフリーキックは、思い描いたとおりの弧を描いてゴールに吸い込まれた。

でも、あと1点、届かなかった――。

16年が経った、今のこの場面。今度はどうなるかはわからない。でも、決めないと。右利きの自分にとって得意な角度だけど、ここ最近はめっきり決められなくなった。蹴るどころか、キッカーを譲ることも珍しくなくなった。でも、今このときは、「蹴りたい」と自然と言葉が出た。

蹴るのは、ベガルタ仙台サポーターのいる側のゴール。前にゴールを決めたのも、こっちの方向だったはずだ。スタジアムが揺れる歓喜を、もう一度聴いてみたい。サポーターの喜ぶ顔が見たい。

視界には、バックスタンドのサポーター。〝リャンダンス〟をいつも踊ってくれるサポーターの顔が見える。今この瞬間も、声を枯らして応援してくれている。こんなに一生懸命に応援してくれるサポーターと、勝利を分かち合うことが一番うれしかった——。

——いや、思い出すのは、いつでもできる。

今は、今できることだけを考えよう。

僕は歓喜へとつながるゴールに向けて、右足を振った——。

# 目次

## 第3章 プロ選手の道を歩み出す 53



## 第4章 昇格に向けて 81

## 第5章　母国の代表と飛躍

# 第6章　挫折、そして鳥栖への移籍——149

2022年10月2日 東京ヴェルディ戦

# ［第1章］ 梁 勇基のルーツ

# 負けず嫌い・勇基の誕生

１９８２年になってすぐ、僕は大阪府の和泉市に生まれました。家族は、父と母、そして姉と僕、妹の５人。「勇基」という名前は、「優しく、勇ましい男の子に育つように」という思いを込めて、母が考えてくれたそうです。

性格は、どちらかといえば内向的。自分から積極的に人と仲良くなろうとするタイプではありませんでした。両親からは、「おとなしくて育てやすかった」と言われるような子。

でも、実はものすごく負けず嫌い。とくに、サッカーに関することでは絶対に負けたくありませんでした。試合中に相手に抜かれれば腹が立つし、すごく悔しかった。学校では10分間の休み時間でやるミニサッカーでも、負けて泣いていたことがあるほど。それは、テレビゲームだって同じ。ファミコンの時代からたくさんのサッカーゲームをやってきましたが、友だちと対戦していても負けたら勝つまでやる。しまいには「最後に勝ったやつが勝ち」というルールにして、僕が勝つまで「もう一本やろうや」とつき合わせていました。

勉強は上位に入るほどでもなく、平均値はクリアしているような「できなくはない」というポジション。テスト前に範囲内の勉強をして挑むくらいです。得意教科は朝鮮語や日本語で、理数科目は苦手でした。あとは、図工や美術といったアート関係はまるでダメ。

絵を描くセンスはからっきしです。僕にとっては、絵はいくら練習してもうまくならないもの。でも不思議なもので、僕の子どもたちはとても上手に絵を描くんですよね。僕は写真の構図ですら、妻から「センスがないね」といつも言われるのに。でも、子どもの頃から歌を歌うことは好き。音楽は好きな授業の一つでしたね。

体育も、できるのはサッカーだけ。他のスポーツはまったくできなくて驚かれるほどです。泳ぐこともできないし、バスケットボールなどの球技もできない。徒競走だって僕より速い人はたくさんいたし、器械体操も苦手です。前転、後転、逆立ちもできず、奇跡的に逆上がりだけができました。僕自身は、運動神経は良くないんじゃないかと思っています。

身体は学年の中でも小さいほうで、小学校６年生でも１４０㎝台。「大きくなれたらいいなあ」と牛乳を飲んでみたりもしていました。子どもの頃に食べるものといえば、自分の好きなものばかり。僕にとってのソウルフードは母が作ってくれるお好み焼きで、それにご飯とみそ汁とキムチを合わせるのが定番。お好み焼きにうどんが入っているのがわが家の定番の味でしたが、それに加えてご飯も食べていましたから、今考えると炭水化物だらけですよね。ほかには、餃子や揚げ豆腐も好物。苦手な食べ物は春菊で、子どもの頃からずっと変わりません。

学生時代を振り返って、モテたという記憶はありません。どちらかといえば、モテなかったと思います。とくに高校のサッカー部時代は、「女にうつつを抜かすな」と監督から口うるさく言われていて、女子と付き合うなんてご法度。でも実は、監督の目を盗んで高2で知り合った妻と、こっそり付き合っていたのですが。

## 在日コミュニティー

僕が生まれた大阪府和泉市は、「スポーツが盛んな街」というわけではありませんが、様々なスポーツの地域大会などが盛んに行われているような街でした。そこから僕が小学校に入る前に、同じ大阪府内の忠岡町に引っ越しました。

僕は、幼稚園から朝鮮学校に入って、いわゆる「在日朝鮮人」のコミュニティーで育ちました。僕の祖父が戦争で日本に来て労働し、終戦後にもそのまま日本に残ったので在日となったことになります。僕が育ったコミュニティーは、今振り返るとすごく狭いものでした。通っていた小学校は規模が小さくて、一学年が一クラス。同級生は男女合わせて12、13人くらいです。学校から帰っても、近所に住む日本の子たちと遊んだ記憶はほとんどありません。近くにいても、知り合うきっかけがないのです。今振り返ると、小学校から高校までは「在日のコミュニティーから出たことがなかった」というのが僕の感覚。近所に住む、仲のいい在日の３家族との近所付き合いがほとんどで、何か困ったことが起きればその人たちを一番に頼る。僕たちのサッカーの試合のあとには、焼肉屋を営んでいる友達の家に家族みんなで行って、「今日の試合はこうだった」と大人たちに褒められたり説教をされたり。親同士が幼少期から同じ朝鮮学校で一緒に育って、その子どもの僕たちも一緒に育つ。日本にいるのに、日本人と関わりを持つことがないこのコミュニティーなのに、当時は何も違和感を抱きませんでした。

ただ、様々な出来事で国籍の違いを思い知らされることもありました。自転車で通学していた小学校高学年の頃、かぶっているヘルメットに朝鮮語が書かれていることで、日本の子どもたちの標的にされたのです。からかわれながら、当時流行っていたおもちゃのピストルでＢＢ弾を撃たれました。僕はこらえていましたが、周りの同級生の中にはイラッとして向かっていった友達もいました。ほかにも、僕たちの学生時代には高校生になると女子はチマチョゴリで登校していたのですが、ある地域でチマチョゴリが切りつけられるという出来事があったのです。そのせいで、ひと目で在日だとわからないように、ブレザーの制服で登校して、学校でチマチョゴリに着替えることになりました。

僕たちは学校では国語として朝鮮語を習い、日本語はひとつの科目です。普段は当たり前に朝鮮語を話していましたが、いろいろな出来事が身の回りで起きたために、学校を出たら日本語で話す機会が多くなりました。まだ学生の僕たちでしたが、国と国との問題が自分たちにも影響すると身をもって経験していたし、日頃耳にするメディアの報道でもなかなか朝鮮についてのポジティブなニュースはなく、複雑な感情がありました。僕は日本で生まれ、日本で育ち、日本で生活してきました。国籍は朝鮮ですが、本国で生活したことはない。でも、日本人でもない。日本人にも朝鮮人にもなれない。「これが『在日』なんだ」という、自分自身の力ではどうしようもない気持ちです。

学校や家族からは「第一世の祖父母の世代が日本に連れてこられてがんばってきたから今の自分たちがある。だから何をするにも日本人には負けるな」と教えられましたし、僕自身も「日本人に負けてはいけない」という気持ちが今よりずっと強かったように思います。そして、その強い気持ちは、小学校から本格的に始めたサッカーにぶつけていました。高校までは同じ境遇で育った在日がチームメイト。中学、高校と進むにつれて、それまでは対戦相手だったほかの学校のうまい在日の子たちがチームメイトになり、「これからはこいつらと一緒にサッカーができるんだ」という喜びで、どんどんサッカーにのめり込んでいきました。

## サッカーとともに育つ

初めてサッカーボールを蹴ったのは、おそらく3歳か4歳ごろ。両親が僕にサッカーボールを買ってくれました。地域には野球チームもありましたが、僕の周りにはサッカーをしている子たちが多かったんです。親戚のお兄ちゃんがサッカー好きで、親戚が集まるとそのお兄ちゃんたちと一緒にボールを蹴りに行ったりしていたので、サッカーを一番身近に感じたのかもしれません。

今まで僕がプレーしたことがあるスポーツはサッカーだけ。実は父も母も学生時代にはバレーボールをしていたそうです。小さい頃には、サッカーの試合観戦によく連れて行ってもらい、僕はルールもわからないながらに熱心に試合を見て、両親にいろいろと質問をしていたそうです。

いわゆるサッカー部に入って、本格的にサッカーというスポーツに触れたのは小学校1年生のとき。小学校のグラウンドがとても狭くて、1年生から6年生までが入り交じって練習が始まるんです。狭いエリアに大勢の人がいる中でボールを奪われないようにしないといけないので、瞬間的に考えてボールをコントロールする力がついたように思います。スペースがない中でどんなシュートが撃てるか、密集した中でどうやってドリブルでボールを運べるか、どのコースで奪われないパスを出すか。厳しい環境の中でそういう判断力とボールタッチが磨かれていきました。実は、小学生の頃に僕たちに指導をしてくれていた先生の中にはサッカー経験者は少なく、ときには「自分はボクシングをやっていた」という方に教えてもらっていたこともあったほど。それでもどうにか教えようと熱心に勉強してくれたのですが、毎日の練習は基礎練習がほとんどでした。小学校5、6年のときにやっとサッカー経験者の方が監督となり、いろいろなアドバイスがもらえるようになっていきました。

小学校のときは、攻撃のポジションを任されることが多かったんです。初めて試合に出たのは、5、6年生に交じって出た小学校3年生のとき。でも、うまい人たちばかりで、全然歯が立たなかった。小学生の頃は周りにうまい人がたくさんいて、僕は〝飛び抜けてうまい〟という存在ではありませんでした。それでも、同学年はもちろん、上級生のうまい子たちを捕まえては、一対一で対決したりしながら常に練習していました。

年に一度、大阪府内の北、南、西、東の朝鮮学校が集まって、ナンバーワンを決めるサッカー大会がありました。鶴橋（現・東成区）や生野区などの在日が多いエリアは子どもも多いので競争も激しくて、強かった。ずっと後にサガン鳥栖で監督と選手として一緒に仕事をする金明輝（キン・ミョンヒ）とは、小学校のときから知り合いでした。彼は伊丹出身で一人だけずば抜けて背が高くて、大会に参加している選手の中でもすごく目立っていましたから。

Ｊリーグが開幕したのは、僕が小学校高学年になる1993年。応援していたチームは、ダントツでヴェルディ川崎。ラモス瑠偉選手のプレーを見て、いつも「すごい」と思っていました。でも、当時はプレーはもちろんですが「あの選手が履いているスパイク、かっこいいなぁ」とか「あのチームのユニフォームが欲しい」とか、そういう気持ちが強かった気もします。サッカー雑誌を読んでも、選手のインタビュー記事より先にサッカーショップの広告ページをじっくりとチェックしたりして。そして、僕が初めて買ったのは、近所のスポーツショップのワゴンに入っていたプーマのスパイク。靴裏のポイントが擦り減って、つるつるになってしまうまで履いていました。流行っていたミサンガも買って、手首や足首につけたり。大好きだったブラジルのライーが着ていた、サンパウロＦＣのユニフォームを買ったこともあります。

最初に好きになったサッカー選手は、おそらくジーコやマラドーナ。両親がＶＨＳビデオのハイライト集を買ってくれたことを覚えています。テープが擦り切れるほど何回も見て、サッカーボールに選手の名前をマジックで書いて、そのボールを蹴っていました。

当時は、プロサッカー選手になるなんて夢のまた夢。自分とは交わりようのない、別世界の話だと思っていました。少し現実的な進路として考え始めたのが、高校2、3年の頃。サッカー選手以外の進路は考えられずにいて、「あかんかったらそのへんで働くしかないかな…」くらいの漠然とした考えでした。もし本当に何も決まらなければ、サッカー以外で一番興味のあった料理人になっていたかもしれません。

でも、Jリーグができたことは本当に大きかった。こういう世界に進むこともできるんだと道が開けた感じがしました。

「各国の代表」という存在を意識し始めたのも、プロという道を知ってからです。僕が大学生の頃には、先輩の安英学（アン・ヨンハ）選手や同世代の李漢宰（リ・ハンジェ）選手が代表のユニフォームを着て、朝鮮の国旗を胸に戦っているのをテレビを通して見ていました。もちろん応援はするけど、うらやましい気持ちや悔しさもある。でも、まずはプロにならないと代表には行けないと考えていました。

小・中学校のときには、朝鮮学校の地域選抜に選ばれ、大会でもいい結果が残せていたので「はやくこのメンバーと高校で一緒にプレーしたい」という思いが強くなっていました。そして、僕が中学に入る頃には朝鮮学校にも日本の高校世代の大会に参加する権利が与えられました。それこそ、僕の父が学生の頃からずっと「朝鮮学校は強い」という評価は得られていたようだし、「在日蹴球団」は読売クラブとよく試合をして勝った負けたを繰り返していたようで、そうした実績もあって道が開けたのだと思います。

そういうタイミングで大阪朝鮮高級学校に進学した僕は、自分自身としても朝鮮学校としても大きな快挙に関わることになります。朝鮮高級学校は、京都や東京、それこそ全国各地にありますが、日本の高校生世代の全国大会にはどこの学校も出場したことがありませんでした。予選が始まると、各地域の結果が情報として入ってきて、「東京もベスト８に残っているらしいで」など、うれしい反面プレッシャーも感じていました。それでも、僕たちは「なんとしても大阪の自分たちが、どこよりも先に全国大会に出てやるぞ」というモチベーションを保ちながら戦い続けて、大阪予選を勝ち抜いて、初めてインターハイの出場権を獲得することができたのです。

当時はテレビに取りあげられ、写真週刊誌にも掲載されたほどの快挙。スパイクを脱いでその写真に写っている僕のソックスが破れていて、指が顔を出していたことだけが心残りです。

僕の世代は、同級生みんながサッカーがうまくて、バランスの良いチームでした。いわゆる黄金世代。同級生だけでなく、下級生にもいい選手がいて、層の厚さがチーム力となって表れていました。高校の金正海（キム・ジョンヘ）監督は、プレーよりも人間性の部分への指摘が多かったように記憶しています。いちばん記憶に残っているのは「ボールが真っ直ぐ飛ばないのは、人間性が曲がっているからだ」という言葉。監督はもともとラグビーをやっていて、どちらかといえばサッカーは専門外でしたが、人間力を高めることに対して口酸っぱく指導してくれた方でした。ここで、僕も人として成長できたと感じています。

インターハイの大阪予選は、四強で総当たり方式。勝った2チームが本戦に進みます。そのときの対戦相手・金光大阪高校には、林卓人がいました。僕がシュートを決めて勝った試合でしたが、「一人、坊主ででかい奴がおるなあ」と思ったのが彼の第一印象。一学年下なのに、あの体格で坊主だからすごく目立っていました。金光大阪高校には、ほかにも一学年上に斉藤大介さんがいました。前年の冬の選手権で対戦したのですが、そのときすでに斉藤さんはすごく有名な選手で試合でも僕たちが負けてしまったんです。

インターハイ出場は、僕たちに関わってくれた監督や先生、たくさんの仲間たちと一緒に成し遂げたこと。苦しい練習をみんなで乗り越えて喜びを分かち合った仲なので、今でもいい関係が続いています。年末は決まって監督も呼んで酒を飲みながら、メンバー全員が当時を振り返りながら笑い合う。結婚や子どもの話など、歳を重ねるごとに話題も変わってきて、そういう楽しみが味わえるのもこの仲間たちだからこそですね。

## 愛用のスパイク

アマチュア時代はもちろん、スポンサー契約が取れるような選手ではなかったので、スパイクは自分で買っていました。好きなブランドは『プーマ』、愛用のモデルは「パラメヒコ」。芝のグラウンドに適したような高級なモデルで、当時プレーしていたのは土のグラウンドだったのに、今思えばかなり贅沢です。

パラメヒコは革が分厚いのが特徴なんです。僕はその分厚い革でボールを蹴るときの感触がとても好き。スタッド（靴裏の突起）は固定されているタイプで、色は白が好み。濡れたりしながらも履き込んでいくうちに、革が堅い部分から馴染んでくる。自分の足に徐々にフィットしてくる感触が好きでした。今は軽量化されたスパイクも多いのですが、個人的には軽めのタイプはしっくりこない。軽量なぶん革が薄いので、素足で蹴っているような感じがしてしまって蹴る感触に僕は馴染めませんでした。分厚さの感覚を増すために、普通の靴下を1枚履いて、その上からストッキングを履くこともありました。一番しっくりくるインパクトの瞬間の衝撃を求めて、厚みを微調整していました。

プロになってから『プーマ』と契約をすることになりました。「『プーマ』のシューズを履きたい」という僕の希望を叶えようと、エージェントがかけ合ってくれたことで、「年間何足提供します」という契約を結ぶことができました。これは、プロ選手になってすごくありがたさを感じたことです。僕は試合で履く前に練習で何度か履いて、ある程度馴染ませたいタイプ。1足につきおよそ7、8試合で、ポイントがすり減って寿命が来ます。今の若い選手は高校から提供してもらっている選手もいますし、恵まれているなとうらやましく思うこともあります。

2018年10月7日 浦和レッズ戦

# ［第2章］プロになるまで

## 〝強くて、うまい〟阪南大学へ

高校を出るときには「プロ選手になる」というには現実的ではなく、「もう少し試合で目立つことができればプロの話がくるかもしれない」くらいのうっすらとした目標という意識でした。高校時代の仲間にも、もちろんプロを目指していた人はいました。でも結果として高校を卒業してすぐにプロになれた人はいなかったし、高校まででサッカーをやめる人も大勢いました。大学に進学してサッカーを続けた仲間が2、3人いた程度。とりあえず大学に進学してサッカー以外での進路を模索しようと考える人、明確な目標があって大学を選ぶ人、上京して朝鮮大学に進む人もいました。

僕はありがたいことにサッカーでいくつかの誘いがあり、悩んだ末に阪南大学への進学を決めました。理由は、高校時代に阪南大学と何度も練習試合をさせてもらって一度も勝つことができず、「強くて、うまいチーム」という印象が強かったからです。推薦枠での入学の話を阪南大学の須佐徹太郎監督からいただいて、自分でも「高校からそのままプロに行くのは厳しそうだ」と感じていたので、両親とも話し合い「阪南大学に行きたい」と伝えました。須佐監督が熱心に僕の高校の試合を見に来てくれていたのも決め手になりました。

「プロではまだ通用しなさそうだから」という後ろ向きな理由もあったからか、父に相談するときには少し躊躇しました。それでも意を決して話してみたら、「阪南でがんばってみろ」と背中を押されたことで決断することができました。小さい頃から母に怒られた記憶はたくさんあるのに、父から怒られた経験はほとんどありません。ただ一度、小学生の頃に不甲斐ない試合をしてしまったときに、父にすごく怒られたんです。「気持ちが入っていない」「お前たち、こんな情けない試合をしていいのか」と。普段は怒らない父だったので、そのときのことは鮮明に覚えています。だからこそ、大学進学の理由に少しうしろめたさを感じていたのかもしれません。今になって思えば、大学選びを僕に任せてくれたのも、父なりのやさしさだったように感じます。自分が親になって、父と同じような状況を少しずつ経験するようになってきた近頃は、おおらかに育ててくれた父の気持ちがすごく理解できて、これまで以上にありがたさを感じるようになってきました。

## 新しいコミュニティーへの第一歩

大学進学は、僕にとって初めて在日のコミュニティーを出て、日本人中心のコミュニティーに飛びこむという経験になりました。今までの限られた社会から、すごく大きな集団に入っていくという感覚です。メディアでは朝鮮に対する良い報道はほとんどないし、僕の気持ちには「良くは思われていないんだろう」という漠然とした不安がありました。入学前から練習に参加することになったのですが、緊張しながら練習場に向かったことを覚えています。

でも、練習に参加して、その不安は一瞬で消えました。思っていた以上に自然に受け入れてもらえて、朝鮮人という色眼鏡で見られることもなかったのです。入学前に練習に参加していたのは推薦入学組。全国各地から集まった11人で、誰も僕のことを知りません。大阪朝鮮高級学校から進学した同級生も、もう1人いました。ひとつ上の学年にも、神戸や愛知の朝鮮高校から来た人たちがいました。そういう人たちの存在ももちろん心強かったのですが、何よりもサッカーが始まれば生い立ちも国籍も関係ない。これから大学4年間を共に戦うチームメイトという感覚がとても強く、あっという間に仲良くなれたのです。

## 大学時代のプライベートタイム

大学時代の4年間は寮生活。実家から通うこともできたのですが、家を出たいという気持ちもあったし、練習でヘトヘトになることを考えると移動の1時間も億劫に思えたからです。

そんな寮住まいの僕たちとは違って、寮の隣にあるアパートで一人暮らしをしている友達がいたんです。お風呂もトイレも共同の僕らの寮とは違って、その部屋はもちろん一人部屋。トイレやキッチン、お風呂も全部専用です。しかも、その友達の部屋には麻雀卓がありました。実は大学時代、僕らの仲間内でのプライベートの楽しみといえば麻雀。寮のすぐ隣にそんな部屋があるもんだから、まるで雀荘のように使われていました。僕自身は、麻雀を通して観察力がついたと思っています。相手が急にしゃべり出したりしたら「あ、いい手が仕上がっているのかな」とか、反対に黙ったら「何か仕掛けようとしているのかな」とか、駆け引きがとても楽しかったんです。

ほかには、サッカーゲームも定番でした。みんなでやり込んでいたのは、『ウイニングイレブン』シリーズ。寮にいるといつでも対戦相手が見つかるし、負けた人がジュースをおごるなどのルールを決めて、白熱した試合を繰り返していましたね。

ゲームをしながらでも、実際のサッカーのプレーのイメージが浮かんでいたような気がします。ゲームの中ではパスミスもないし、俯瞰で見るイメージがついたり。今思えば、イメージトレーニングのひとつだったかもしれません。僕が当時好んで使っていたチームはイタリア代表。クリスティアン・ヴィエリやロベルト・バッジオ、マウロ・カモラネージといった好きな選手たちを自在に操れるのが爽快でした。

そのほかの時間はアルバイト。1、2年生の頃は冬に短期のアルバイトをした程度。3、4年生の頃は、餅屋でお正月用のお餅を詰める作業やホテルの清掃。時給がいいバイトを選んで、年末年始に遊ぶためのお金を稼ぐという考えでやっていました。アルバイト代は、自由に使えるお金だからこそ、サッカー関連には使っていなかった気がします。

## トレーニングの思い出

大学時代は、毎年鳥取で合宿をしていました。プロ野球のイチロー（鈴木一朗）選手が通っていたワールドウィングというジムがあって、監督の方針でその設備を使っての可動域に特化したトレーニングを行っていました。僕はこのトレーニングが好きで、大学時代は一度もウエイトトレーニングをしたことがありません。そのため、プロになった当初は本当に苦労しました。一対一で相手と当たったときに、飛ばされましたから。フィジカルの違いを思い知らされました。

反対に、テクニックを身につけるための基礎練習は幼少期にやらないといけないと思います。足元のプレーの感覚も、小さいときに養った方がいい。小学生だと、体が大きいとか足が速いというフィジカル面がどうしても目立ってしまうんです。でも、中学生になるとそれまで体が小さかった子もどんどん体格が追いついてきます。そうなったときに、足元の技術が身についていないと逆転されてしまいます。ボールを止める、蹴るといった基礎練習は楽しくはないのですが、そこが後から大事になるというのは伝えたいですね。

## 壁を越え、新境地開拓

大学でレギュラーになったのは2年生の秋頃でした。フォーメーションによってプレーの仕方が変わることに苦労したのを覚えています。それまでずっとプレーしてきたのは4－4－2。それが、大学時代の途中から3－3－1－3というフォーメーションを試すようになり、自分のプレーの感覚とまったく合わなくなってしまったんです。このフォーメーションに入ったときに、同じ左で組むサイドバックの選手に「縦を切ってくれ」と言われて「どういうこと？」と戸惑ったことを覚えています。高校時代には攻撃ばかりを意識していて、味方に「ボールをよこせ」と言うばかりで、守備の意識が全く足りていなかったことを実感した時期でした。これまでは、周りの選手がどれだけ汗をかいてくれていたかを考えず、「俺にはパスが出てくるやろ」という考えだけで、気持ちよくなってプレーしていた。そんな僕だから、フォーメーションの中でどの位置に行っても味方が先にいてかぶってしまう。うまい人は、しっかりといいポジションをとるんです。自分のプレーを見直すきっかけになった期間でした。

須佐監督が当時目指していた阪南大学のサッカーは、左サイドに攻撃の起点を作れる選手を置く戦術。その重要なポジションを任される選手は、14の背番号をつけることになっていました。そして僕は、3年生の半ばから14番を託されるようになっていたんです。ただ僕自身は「左サイド」というポジションが好きなわけではありませんでした。監督からは「今経験しておけば、役に立つ」と説得されたのですが、「高校時代に活躍できていたダイヤモンド型の中盤のトップ下が一番輝ける」というこびりついた自信やプライドがあったからです。でも、僕のプロサッカー人生を振り返ると、結果として一番活躍できたのは左サイド。監督が経験を積ませてくれたからこそ、プロでも輝ける武器を手に入れることができたのです。

サイドでプレーするようになって、それまで世界的なトップ下のロベルト・バッジオやドラガン・ストイコビッチに憧れていたのが、ジネディーヌ・ジダンやロナウジーニョのプレーを研究するようになりました。とくにジダンは、スピードはそんなに速くないのにタイミングをずらしたりして相手をスルスルと抜いていくのです。僕も足は速くはないから、ボールの持ち方やボールの置きどころを参考にしていました。

大学時代には、チームを引っ張るというような意識はほとんどありませんでした。自分の好きなサッカーを好きなようにやっている感覚。味方に「ボールを出せ」「こっちにこのタイミングで動いてくれ」など攻撃のリクエストはするので、チームメイトも僕をずっと見て僕がプレーしやすいような状況を作ってくれる。「ここでボールを持ったら、こいつは走ってくれる」「ここにポジションを取ってくれる」と、プレーの意識が共有できていたんです。そんな僕のわがままともとれるプレーを信頼関係へとつなげてくれたのは、高校と大学時代のチームメイトに恵まれたからだと心から感謝しています。

## 関西 vs. 関東

関西の大学にいると、関東の大学をライバル視していた部分もありました。国士舘大学や筑波大学、駒澤大学と試合をしたときには、関西よりもレベルが高いと感じました。個人を見るとそんなに差は感じなかったのですが、チーム力のレベルが違うように感じました。あとは、関東の大学と戦うときには「勝って名を上げよう」「一泡噴かせたい」など、負けず嫌いのスイッチが入るんです。

大学時代の思い出深い試合は、大学2年生のときの駒澤大学と対戦した総理大臣杯決勝。僕たちが初優勝した試合です。大阪の長居陸上競技場での決勝戦で、相手はのちにJリーガーになる巻誠一郎と深井正樹の2トップ。ヘディングが強い選手とドリブルが速い選手の組み合わせで、強力な攻撃陣でした。それでも僕たちは競り勝ち、初めて日本一を経験しました。

地元での優勝というのがうれしかったんです。決勝の舞台となった長居陸上競技場と、その向かいにある長居第2球技場（現・ヨドコウ桜スタジアム）は大学時代の思い出がたくさんある場所。第2球技場は芝が荒れていることが多くて、ロッカールームや設備も長居陸上競技場とはだいぶ違うので「今日はこっちかい！」とぼやいたこともあります。決勝戦を戦った〝大きいほうのスタジアム〟に憧れがあったんです。大学時代は自転車で行っていて、優勝した日も自転車で帰ったくらい身近なスタジアム。そんな思い入れのある場所で、駆けつけた両親も見守る中での優勝は格別でした。

もう一つ思い出に残っているのは、4年生のときの総理大臣杯決勝戦。相手は2年前と同じく駒澤大学。そして、相手チームには後に同じベガルタ仙台で一緒にプレーする中田洋介がいたのです。洋介は大船渡高校時代から注目されていた選手でしたが、当時はお互いなんとなく名前を聞いたことがある程度で対戦したのは初めてでした。試合は一歩も譲らぬ展開のまま、結果としてはＰＫ戦で僕たちの負け。そして、僕が関西大学リーグのＭＶＰになり、洋介は関東大学リーグのＭＶＰとなったのです。

## 大学ＭＶＰの進路

大学卒業後の進路を意識し始めたのは、３年生のときに漠然と「プロにいかなあかん」と思い始めてから。４年生では関西大学リーグのＭＶＰになって、「どこかのクラブから練習参加の話くらいは来るはずだ」と思っていました。阪南大学の先輩では、学年がふたつ上の影山（貴志）さんが、サンフレッチェ広島に加入したくらいで、かつての卒業生には石丸清隆さんや朴成基（パク・ソンギ）といったプロ選手も出ましたが、僕の頃にはあまり身近に感じられませんでした。

そんな中で、ジェフユナイテッド千葉から練習参加の声がかかりました。４年生の秋ごろにはジェフの練習に参加しながら「もしかしたらここでプレーできるのでは」と期待が膨らんでいました。当時チームを率いていたのは、イビツァ・オシム監督。ビブスの色を何種類も用意して頭を使いながらプレーする、とてもおもしろい練習でした。身体も頭もすごく疲れるけど「この人のもとでやりたい」と思いが固まっていました。ところが、最終的にジェフでのプロ入りの話はまとまらなかったんです。僕にとっても大きな誤算で、そこから慌てて次のチームを探しだすことになります。

大学卒業も迫る2月になって、ようやく次に練習参加できたのが川崎フロンターレ。すでにキャンプ入りし始めの時期でしたから、フィジカルトレーニングが中心。素走りをして、筋トレをして、ボール回しをして…終わり。「このメニューの中で、どこでアピールをしたらいいのだろう」と悩む日々。タイム設定をして走る素走りで、設定に関係なくただ速く走ることくらいしかアピールができません。そんな苦悩の中でも、フロンターレの練習の雰囲気にはとても魅力を感じていました。急に入ってきた練習生には「こいつ、誰やねん」という視線はよくあるものですが、みんなが優しく接してくれて、すごくアットホーム。ひとつ年上で当時プロ2年目の中村憲剛さんや、今ではベガルタ仙台のコーチとなった今野章さん、今は福島ユナイテッドの監督・寺田周平さんもプレーされていました。キャンプ地では練習が終わって宿舎に戻ると、誰かが持ってきた『ウイニングイレブン』を前に、「君もやれるの?」「やりますよ」とやり始めて。僕が結構勝って「こいつ、強いらしいな」というコミュニケーションが生まれて、仲良くなれたんです。

しかし、この川崎フロンターレとも契約はまとまりませんでした。この結果を前に、僕は「Jリーグ、日本でプロになるのは無理だな」と諦めかけていました。3月にはJリーグが開幕してしまいます。「もう受け入れてもらえるチームはないだろう」と思っても仕方がありません。高校や大学の監督に相談しても、「もう日本は無理だろう」という判断でした。そして、父と相談して韓国のＫリーグへテストを受けに行くことを決めたのです。在日のサッカー選手で当時Ｋリーガーはいなかったと思いますが、絶対にプロになりたいと思っていたし、やるしかなかった。今のように、タイリーグなどの選択肢があるような時代でもなく、アジアなら日本か韓国かという選択しかない頃です。父からも「もう、やれることを全部やれ」と言われました。コネも何もない状態で、韓国に行く準備だけは整え、いざ韓国へ…と飛び立つ寸前に、ベガルタ仙台から練習参加の誘いが届いたのです。

## 見知らぬ街での練習生

当時、僕が仙台について知っていたことといえば、「仙台育英高校がある」くらいのもの。それも高校野球の常連校として名前を知っていたので、サッカーのイメージはほとんどありませんでした。あとは、牛タンが有名なことくらい。仙台という街に降り立つこと自体、この時がおそらく初めてだったと思います。東北地方に来た記憶を辿っても、高校生の時にインターハイで花巻に行った記憶があるくらい。

空港には、当時強化部の丹治祥庸さんが迎えに来てくれていました。空港から市内へと向かう高速道路は、僕の不安な気持ちもあってか、「えらい暗いなぁ」と感じたんです。町中に入ると丹治さんが仙台駅前でLOFTを指して「これ、最近できたんだよ」と言われて、「LOFTができたのが最近？　そういう街なんや」と驚いたのを覚えています。「ここでやっていけるのかな」という気持ちのほうが大きかった、そんな仙台入りでした。

こうして私は練習生として、ベガルタ仙台の練習に参加しました。それまで参加したクラブと練習環境が違って、練習場には車がないと行くことができない。そこで、滞在していた泉区上谷刈の寮から当時寮にいたキン（菅井直樹）の車で送ってもらうことになりました。初対面なのに「ごめん、明日何時に出発する？」と聞かないといけないという不思議な関係。今思えば、寡黙なキンなので話が弾むわけもありませんが、車の中で「とりあえず明日も。悪いけどよろしく」とお願いしたら、「わかった」とひと言だけ返ってきました。

当時の仙台にはほかに新卒加入の選手として、中田洋介や萬代宏樹がいました。でも、練習生の立場で加わっていたときは、洋介と「そういえば総理大臣杯で当たったよね」くらいのことを言ったかどうかくらいで、ほとんど会話はありませんでした。二人も「こんな時期に練習生？」ともしかしたら不思議に思っていたかもしれません。

昼食は八乙女にある牛タン屋に行って、5日連続くらい一人で食べていました。車に乗せてくれるキンは、僕を降ろしたらすぐにどこかに行ってしまうんです。今だから思いますが、一人の時間を大切にするキンが、練習生の相手をしてくれるはずがありません。

加入が決まるまでは、チームメイトのライバルにすらなれていない状態でした。戦術練習では、今まで経験したこともない３バックの左のポジション。そのときの仙台はキャンプ明けでケガ人が多くて、11対11の試合形式の練習ができない状態。僕が入るとようやく11人になるんですが、空いていたポジションが左のセンターバックだったんです。どうにかプレーする僕を見て、左のウイングバックだった原崎さん（原崎政人元監督）から「お前、絶対ここのポジションじゃないだろ？」と言われる始末。僕は「そうですね」と苦笑いしながら、練習後の寮の部屋で「こんな状況で、絶対無理やん！」とふてくされていました。

そんな状態からどうして契約に至ったのか、正直なところ今もよくわかりません。当時は午前と午後の二部練習が組まれていて、午後は若手だけのメニューがありました。当時コーチだった越後（和男）さんには、「お前、結構いいねえ」と言われたこともありました。そこで、若い選手たちと一緒に練習する中で「同世代とならなら結構競えるかも」と思えてきた感覚はあったんです。

そして、最後の練習日。紅白戦で、越後さんから「お前、フリーキックを蹴ってみろよ」と言われたんです。「運良く決めることができたら、チャンスはありそうだな」という思いもありました。そうして蹴ってみたら、ゴールできたんです。もしかしたら、そのフリーキックが加入の決め手になったのかもしれません。

最後に「練習に参加させてもらい、ありがとうございました。でも、僕は韓国に行く選択肢も考えているので…、もしよかったら早めに○か×かだけ。お願いします！」と伝え、仙台を離れました。気がつけば、もう3月。大阪に戻って、友人に「仙台でこういうことがあったんだよ」と報告しながらご飯を食べていたら、当時強化部の石井肇さんから連絡があり「ぜひ、うちで一緒にやりましょう」と加入が決まったのです。

そこからはまた怒涛の日々。加入決定から3日後には荷物をまとめて再び仙台へ。スパイクと着替えだけを持って、ベガルタ仙台の寮に入りました。そして、正式に契約を結ぶことになったのです。

## 僕が加入したベガルタ仙台

加入してからは「チームの一員」という自信が少し出たのか、チームメイトと話すようになりました。寮には年代の近い選手も多くて、萬代やクニ（関口訓充）のような高卒の新人もいました。２００４シーズンだけでしたが、佐藤寿人も一緒でした。彼はすでに、年上の選手に対しても積極的にボールを要求する中心選手としてプレーしていました。

急な加入だったので、僕は入団会見もしていません。Ｊリーグの名鑑にも間に合わない、証明写真もない選手でした。

背番号は30。「30番しか空いていない」という理由だったと記憶しています。29番が中原(貴之)。村田達哉さんが前年に30番をつけていて、この年は15番に変わったために空いた番号。当時はチームで一番大きな番号でした。

はじめは３日間の予定で練習に参加したはずが、１週間に延び、Ｊ２リーグ戦開幕の３日前に契約。練習参加中に牛タン屋から大学の友達に毎日電話して、「３バックの左とか、無理やろ」と愚痴を言い、「やるしかないやろ、がんばれ！」と励まされていたのが遠い過去のように感じました。

今となっては、いろいろな運や縁を感じます。あのときケガ人がいなければ、紅白戦に出ることもなかったかもしれない。練習生としてすら呼ばれていないかもしれない。

在日のコミュニティー、大学のサッカー部の監督や仲間たち、仙台で迎え入れてくれた人たち。様々な人との縁に恵まれながら、僕はプロサッカー選手としてのレールを敷いていくことになります。

阪南大学サッカー部時代。大学で出会った仲間たちと。

IRIS OHYAMA
30
18
仙台進学プラザ

2004年6月5日 コンサドーレ札幌戦

Workin
10

2004年9月4日 京都パープルサンガ戦

# ［第3章］プロ選手の道を歩み出す

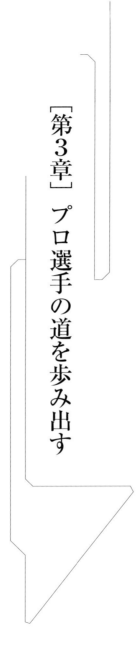

## ほろ苦い第一歩

開幕3日前にベガルタ仙台の一員となり、2004シーズン第2節で仙台スタジアム（現・ユアテックスタジアム仙台）の熱狂的な雰囲気を目の当たりにすることになります。この日はホーム開幕戦、相手は京都パープルサンガ（現・京都サンガ）。結果としては、0－5での完敗。その点差も苦い思い出として残っていますが、僕の記憶にそれ以上に強烈に残っているのはスタジアムの熱気です。観客数は優に1万9千人を超えていて、ベンチメンバーにも入っていなかった僕はスタンドから見ていたのですが、歓声やため息、プレーごとに揺れるスタジアムの迫力に、圧倒されたことを今でも覚えています。

仙台という街でベガルタ仙台がどれだけ注目されているのかを実感したのと同時に、「この雰囲気の中で早くプレーをしたい」という思いが強くなりました。僕がスタンドから見ているピッチ上では、佐藤寿人、萬代宏樹、中田洋介といった同世代の選手がすでにプレーしています。「自分も出場できるようにならなければ」という思いが、ふつふつと湧いてきます。

その後、ベガルタ仙台は開幕から3連敗。「今年のベガルタは大丈夫か？」というファンやサポーターの不安も肌で感じるようになってきました。ただ、第4節で好調の相手・川崎フロンターレを打ち破り、「もう一回盛り返そう！」と下降気味だったチームの士気は再び高まり始めます。

そして4月11日のＪ２第5節、アウェイのサガン鳥栖戦で僕にもチャンスが巡ってきました。試合の2日前くらいに、練習の内容などで「スタメンで出られるかも」という予感がありました。それからメンバーの発表まで、緊張もあり、ワクワクもあり、不安と楽しみが半分ずつくらい。このときの気持ちは、キャリアを積んだ今でも鮮明に覚えています。そして告げられた先発出場でのＪリーグデビュー。

結果としては、緊張で周りもよく見えず、まったく余裕のないプレーしかできずに、チームも0－3で敗戦。得意なポジションのトップ下での出場だったし、チャンスメイクやフィニッシュにつながるプレーに当時のズデンコ・ベルデニック監督は期待してくれていたはず。同年代の選手も出場している中で、僕個人としても「ゴールでもアシストでも、目に見える結果を残したい」という気持ちが先走り、自分だけの世界に入ってしまっていたような気がします。試合後にビデオも見返しましたが、反省点だらけのデビュー戦になりました。

## 思い知らされたプロの厳しさ

デビュー戦となったサガン鳥栖戦では、プロの厳しさを痛感しました。大学時代にもＪリーグのクラブとの練習試合はありましたが、Ｊリーグの公式戦は全く違いました。プロ同士になった途端に、ほかの選手にあって自分に足りないものを〝わからされる〟というような感覚です。僕の場合は、とにかくフィジカル。テクニックは通用しないとは思わなかったけど、フィジカル面では走力も足りないし、競り合いで相手とぶつかるとほぼ負けてしまう。正直、ここまで差があるとは思っていませんでした。

戦術的なことは、経験のある先輩たちからアドバイスをもらって、僕が合わせにいくしかありません。戦術を理解したうえで、自分のことを知ってもらって認めてもらえないと、パスもこないし周りが動き出すこともない。自分にボールが来るようにするためにも、日々の練習でコミュニケーションを積み重ねて、プレーで示していくしかないんです。当時はシルビーニョに「お前はいいものを持っているのにパスばかりして、どうしてシュートを打たないんだ！」とよく言われていました。大学時代には自分で点を取ってアピールしていたのに、プロの世界に入って知らず知らずのうちに委縮していたんだと、ハッとさせられた瞬間でした。

## ピッチ外のコミュニケーション

試合に出て活躍するためには選手同士のコミュニケーションがとても大切だと実感していた僕は、チームメイトにも積極的に話しかけるようになりました。

高卒で加入していた萬代などの若手選手は、高校を出たばかりで酒も飲めないし、寮にずっといたイメージ。歳の近い選手と一緒にいたほうが、まだまだ楽に感じる時期だったのかもしれません。

当時は外国籍選手も多く所属していました。彼らは日本の文化をあまり知らないし、お互いどういう人間か伝えづらいところも多い。僕は外国語が堪能なわけではありませんが、「行っちゃったもん勝ちや」という関西人マインドで、積極的に話しかけてみることにしました。人柄を知ることはプレーにも活きてくるし、どういうタイプの人間なのかがわかれば、試合以外でも関係性が深まります。「彼はちょっといじっても大丈夫そう」とか「あまり絡み過ぎると毛嫌いしそう」、観察力を研ぎ澄ませながらふれあっていくことも覚えました。

そんな中で特に僕をかわいがってくれた先輩が、高桑大二朗さん。練習後にはいつも「梁！今日は飲みに行くぞ」「今日はうちに来いよ！」と声をかけてくれました。自宅に招かれたときには、高桑さんはもちろん、優しい奥さまにもとてもお世話になりました。当時の僕からしたら鹿島アントラーズに所属していた頃の「強豪・鹿島の高桑」というイメージが強くて、テレビでも見ていたような先輩だったので、そんな憧れの人に声をかけてもらえたことがとてもうれしい出来事でした。

それから5年以上が経っていた２００９シーズン終盤に、当時高桑さんが在籍していた徳島ヴォルティスとのアウェイ戦がありました。徳島にとってはホーム最終戦で、試合後には在籍していた高桑さんの引退セレモニーが開かれ、僕たちベガルタ仙台の選手からもパネルを贈ったんです。お世話になった方のセレモニーの場にいられてうれしかったし、あらためて感謝を伝えることもできた。今でも懐かしさを感じながら思い出す一場面です。

## がむしゃらな走りを身につける

鳥栖戦でデビューしてから、２カ月くらいはメンバーから外れていました。先発出場した試合で負け、自分の特徴を全く出せなかったこともあって、自分としても「しょうがない」と受け入れていました。出られない間に、コーチからは「技術は良いものがあるけど、試合に出るためにはやっぱり足りないものがある」とよく言われていました。まったく通用しなかった新人に、常に「お前はいいものがある」と言ってくれていたのはコーチの優しさだったと思います。

僕自身が身に染みて感じていたのは、走力が全く足りていないということ。サイドのポジションでアップダウンが全然できなかったんです。ホーム戦でスタジアムに到着してバスを降りると、選手を出迎えてくれる当時の社長から「がんばれよ」ではなく、「今日は足を攣《つ》るなよ」と言われるほどで、それが本当に悔しかった。2年目くらいまではスタメンで出ても、60〜70分くらいで足を攣ってしまって90分間は持ちませんでした。

その課題に向き合うために、僕は試合でがむしゃらに走ることで克服する道を選びました。もちろん、普段の練習でも体力・持久力のアップを目指しています。ただ、「試合の体力は、試合でしかつかない」というのも、経験として知っていたからです。様々なプレッシャーがかかる実戦でがむしゃらに走ることで、体力と自信を積み上げていきました。

実戦でも、対峙する選手と「よーい、どん！」で同時に動き出して勝てないことが何度もありました。そこを改善するために、チームの中でも（佐藤）寿人や萬代（宏樹）のように、一歩目のタイミングが良くて、速い選手たちのプレーも見習ってすばやい動き出しを心がけるようにしました。僕は足が遅いので、速さだけでなくあえてタイミングを外す動きも磨くように心がけました。味方には、パスの出し手として最高峰のプレーヤーのシルビーニョがいる。だから僕が試合に出るには、彼のパスで生かされるタイプでなければいけない。実力のあるシルビーニョには自然にボールが集まるし、彼がボールを持てば攻撃のスイッチが入る。「シルビーニョがボールを持てば、周りは動き出す」ということがチームの中で徹底されていました。「ここに走ったらパスが出てくる」「シルビーニョがボールを持ったら失わないぞ」という、それくらい絶対的な存在として彼はチームに君臨していたんです。

大学時代の友人たちは、プロになった僕のプレーを見て「プレースタイルが変わったな」と言っていました。大学時代は8割くらいはパスの出し手としてプレーしていたのが、受け手としての動きを重視していたからです。友人たちは驚いたかもしれませんが、僕はその役割が徐々に楽しくなっていきました。

試合で自分の役割が得られるように、シルビーニョを中心としたチームの中で様々なポジションを試した時期でもありました。中盤はサイドもボランチもすべて体験したし、ベルデニック監督はいろいろなポジションで使ってくれました。若手選手はまっさらな状態で指示を聞くので、監督の細かい要求を受け入れやすかったのかもしれません。だから、監督も若手選手の出番を増やしてくれていたと思います。経験のある選手ほど、自分のプレーにこだわりもある。そんなベテランとは逆に、若かった僕は「監督の求めることをやれれば、試合に出られる」と感じていました。

## 社会人としてのプロサッカー選手

プロのサッカー選手という肩書きはありますが、一般的に見れば社会人1年目。小さい頃からサッカーをやってきて、その延長でサッカーが「仕事」に変わって、サッカーでお金をもらうことになるわけです。僕の目標が「サッカーで稼ぐ」だったので、夢が叶ったことはうれしかった。一方で、プロという道に進まなかった多くの同級生たちは、社会に出て会社に勤め、「初任給がこれくらい」と話をしているのも耳にしていました。その当時は、サッカー選手は45分間出場したら出場給がもらえて、勝利給もあり、恵まれていると感じていました。寮で若い選手たちとそういう話で盛り上がったりもしました。練習で次の試合に出られそうな雰囲気がわかると、「次はスタメンで、出場給は確実に手に入るな。いいな」と声をかけられたりもします。

若手のときには、年俸に上限がないA契約になることがひとつの目標でした。契約条件はＪ１とＪ２でも違いがあります。A契約の条件は、Ｊ１ではトータル４５０分、つまり5試合フル出場すれば条件を満たします。ただ、僕たちのいるＪ２は倍の９００分。10試合にフル出場する計算なので、スタメンでなければ時間がかかります。たとえば20分出場しても、９００分まではとてつもなく長く感じていました。だからこそ、「スタメン出場する」

ということはモチベーションにつながっていました。僕の場合は先に萬代（宏樹）がA契約になって、その後に中田洋介。うらやましいという気持ちを抑えつつ、「あと何分出場すれば契約が変わる」「あと何試合！」といつも計算していました。結局、僕がA契約になったのはシーズンも終盤に差し掛かったころ。途中出場も多かったので、思っていたよりも長い道のりでした。ちなみに、初めての給料では、母にバッグをプレゼントしたのを覚えています。

## チャンスを掴み、自信も掴む

夏頃にまた、出番を掴むことになります。ケガをしたシルビーニョの代わりにボランチで先発出場したアウェイの京都戦で、プロになって初めてのゴールを決めることができたんです。正直なところ当たり損ねのシュートでしたが、たまたまゴールキーパーの手前でバウンドして、コースが変わってゴールへ。このゴールがなかったら、もしかしたら夏場以降の出場はなかったんじゃないかという、転機になった初ゴールでした。ゴールを決めたことで、「もうひとつ取りたい」という意欲も湧いてきて、プレーに自信を持てたように感じます。このシーズンはリーグ戦で2得点。もうひとつのゴールは、雨の試合で（中田）

洋介からのクロスにダイビングヘッドで合わせた、僕にとっては珍しいゴールでした。

　少しずつ出場機会が増えても、満足することはありませんでした。チームの成績は上下していたんですが、まずは自分が試合に出ることが最優先。まだまだ「ベガルタ仙台の梁勇基」を知られていないと感じていたし、レギュラーだという自覚もなかった。「いつ外されるかわからない」というような当落線上の緊張感が常にあって、「ただただ、試合に出続けたい」という思いだけで必死にしがみついていたように思います。

　プロサッカー選手は、学生やアマチュアと比べて間違いなくワンプレーの責任が大きい。自分のプレーひとつで勝点3を取れることもあれば、失うこともある。それに、ファンやサポーターは、プロ選手のプロならではのプレーを観るためにお金を払って来てくれている。その人たちに勝利を届けないといけない。体で感じる以上に、若い僕にはメンタル面で重圧がのしかかっていたように感じます。

　正直なところ、初めてユアスタでの試合でベンチ入りしたときには「出たくない」と思いました。ベンチで試合を見ながら、大熱狂のスタジアムでプレーすることに対して足がすくんでしまっている自分がいました。そして、その舞台で戦っている（佐藤）寿人、萬代（宏樹）、（中田）洋介といった、普段は同世代として仲良くしている選手たちを、ピッチの外から自分よりずっと逞しく感じていたんです。

試合中は、良い反応も悪い反応も選手の耳には聞こえています。1万人に溜息をつかれる経験なんて、普通の暮らしではなかなかありません。若手のころはメンタルにも波があって、「ああ、今日はあかんわ」と感じると逃げたくなることもありました。それでも出場を重ねるごとに、声援をどんどん心強く感じる場面が増えていきます。1年目を終える頃には、スタジアムの迫力がすべて自分の、チームの味方になってくれていると感じられるようになっていました。

## はじめてのシーズンオフ

初体験づくしだったプロ1年目の２００４シーズンは、チームとしてはＪ１昇格を逃すことになり、僕個人もまだまだ自信を持ったプレーにたどり着けないまま終わることになりました。

チームは、監督が交代となりました。「プロだから、結果が出せないと監督は代わるんだ」と実感した場面です。オフには仲間との別れもありました。佐藤寿人がサンフレッチェ広島へと移籍することになったのです。同世代の移籍で「評価されれば、Ｊ２でプレーしていてもＪ１クラブへの移籍話も来るんだ」と身に染みてわかったし、プロとはこういうものだと思い知らされることにもなりました。

僕自身は仙台での選手生活に不満もないし、仙台という街も暮らしやすい。「また来年も戦い続けて、来年こそはポジションを奪えるように」と、漠然とした焦りや不安を払しょくするように筋トレに励んでいました。僕に足りないのはフィジカルだというのは明白。当時の谷真一郎フィジカルコーチに相談して、「試合に出ていなくても、1週間このタイミングでこのトレーニングを続けよう」とメニューを組んでもらって、それをずっと続けました。とにかくキャンプでアピールをするための準備を優先したくて、オフも3日くらいしか休んでいなかったように思います。じっとしているよりも体を動かしている方がずっと気が楽でした。

## 〝チームの一員〟と認められるまで

迎えた２００５シーズン。前年の加入が飛び込みだったこともあり、Ｊリーグの新人研修もこの年に受講しました。Ｊリーグの選手名鑑に顔写真が載ったのも、このシーズンからです。

この年から指揮を執ったのは、都並敏史さん。監督が何を求めているのか理解しながら「いいプレーをして、ポジションを掴むしかないやろ」と意気込んでいました。前シーズンからシステムは変わりましたが、僕はまたシルビーニョに活かされるポジション。そんな中でも、少しずつ自分のアイディアや感覚を落とし込んだプレーを出していきたいと思うようになっていました。周りに合わせることを最優先にした1年目とは違い、特に攻撃面で自分ならではのプレーをしていきたいという欲が出てきていたんです。

ただし、このシーズンもチームはスタートから苦しみました。ホームでの開幕戦は、J2に昇格したばかりの徳島に0－3で負け。僕は開幕スタメンを飾ったにもかかわらず、その敗戦を機に、またスタメンから外れることになってしまいます。都並監督は現役時代にサイドの選手だったこともあってか、サイドの選手に厳しく守備での要求をする方でした。特に僕は左サイドのMFで出ていたので、要求されることは多かったように感じます。普段はとても優しいのですが、試合ではかなり熱くなるタイプ。シーズン前半は、サイドの選手として守備の足りない部分をたくさん指摘されました。その経験から、守備の意識はこの一年でかなり強くなったと思います。

まだまだシーズンを通してコンスタントに出場を続けることはできていませんでしたが、「チームの一員」という意識は増してきていました。年間30試合以上に出ることができたことも大きかったです。少しずつ得点も増えてきて、周りの選手たちも僕のパスに反応してくれたり、反対に僕が動き出したところにボールが来るようになったり、と「周りに少しずつ認められてきた」と感じるようになったシーズンでした。

## 背番号10のジレンマと意地

２００６シーズン直前に、背番号10を背負うことになりました。前シーズン終了後、それまで10番をつけていた財前宣之さんが仙台を離れるという報道が出た頃に、強化部の方と話をしていて打診されました。「僕でいいんですか?」というのが率直な気持ちでした。長く話し合ったわけでもなく、クラブ側からの「10番をつけてほしい」という要望に「わかりました」と答えました。クラブが選んでくれたのなら背負っていこう、と。

アマチュア時代につけた番号は、高校で7と8で大学では14。プロになってからは30番。ベガルタ仙台では、７番といえば千葉直樹さん、８番はブラジル人のロペス、14番は中田洋介と、当時それぞれの番号を象徴する選手が背負っていました。

若手選手の中では「え、来年10番なんですか?」と驚かれましたが、それ以外に周囲からそんなに大きな反応はありませんでした。ファンの人からも反応はあまりないように感じて、もしかしたら少し寂しい気持ちもあったのか、「背番号でサッカーをするわけじゃないし」と自分を励ましていたような気がします。

10番をつけて試合に出る責任を感じたのは、シーズンが始まってからのほうが多かったかもしれません。このシーズンから就任したジョエル・サンタナ監督が採用したスタイルは、いわゆる〝10番タイプ〟を置かない戦術。前線の3人のブラジル人選手が攻撃をほぼすべて任されるスタイルで、自分も含めた残りのフィールドプレーヤー7人は守りが中心。僕はトレスボランチ（中盤に3人を並べるシステム）の一人として試合に出て、ボールが来たらすぐ前の3人に預けるという方針でした。前の選手が点を取れているときはよかったのですが、シーズンが進むごとにもちろん相手も対策を講じてきます。どうしても3人だけでは攻められないし、後ろの選手も前に出ていかないと点が取れない。だから少しずつ、僕も前に出るチャンスをうかがっていました。チャンスで攻撃に加わったら、得点につながれば何も言われませんが、もしカウンター攻撃を食らったりしたら「なんで上がるんだ」と怒られてしまいます。でも、それまでの試合の中で「ブラジル人選手たちは僕のことを信頼してくれている」と感じる場面も多かったので、前に出ていくチャレンジも繰り返していました。

ホームでの東京ヴェルディ戦で、右サイドから攻め込み、3人の相手を抜いてシュートを決めたことがありました。「結果で示せれば、監督も考え方や起用の方針が変わるんじゃないか」という望みもありました。自分の判断で攻撃参加して、自分の意地を通して得点しました。結果さえ出せば、何も言われない。

試合に出ている喜びよりも、出ていてもやりたいことができない難しさを感じる、ジレンマを抱えたシーズンとなりました。

## リャンダンス誕生

がんじがらめで苦しい２００６シーズンでしたが、実は僕にとってうれしいことが始まった年でもありました。僕を応援してくれる〝リャンダンス〟は、このシーズンから始まったのです。

この歌は、もともとシルビーニョの応援のために歌われていたものでした。彼は前シーズンでベガルタ仙台を離れたはずなのに、２００６シーズンになってもスタンドから歌が聞こえてくるんです。よく聞いてみると、以前は「シールビーニョー」と歌われていた歌詞が「リャーンヨーンギー」に変わっている。それまでは、専用の応援歌がある選手をうらやましく見ていた部分もありました。それが、偉大な選手の応援歌を引き継ぐ形で、自分のものになるなんて驚きました。それに加えて、サポーターからの大きな期待も感じました。シルビーニョのようにベガルタの中心選手になるような期待を、僕のプレーを見ることで抱いてもらえたのかとうれしかった。そして、「ベガルタ仙台の梁勇基」が、少しずつファンやサポーターにも浸透してきているのを感じた瞬間でした。

## 自分らしさを出せた2007

2007年には再び監督が代わり、それまでヘッドコーチだった望月達也さんが監督に、手倉森誠さんがヘッドコーチになりました。若手の頃から見てくれていた二人が指揮を執るようになって、チームのスタイルとしても自分が生きる、活かせるものになったと感じました。振り返れば、僕にとって一番自分らしさを出せた一年でした。当時のJリーグのトレンドは「人もボールも動くサッカー」。このシーズンは、まさにその通りのチーム作りでした。流動的にポジションをチェンジしながら攻撃をする、僕自身が得意なスタイルにすごくフィットした、ストレスのないサッカー。(望月)達也さんにもそれを受け入れてもらっていました。

運動量が必要なスタイルではありましたが、この頃になると90分戦える体が完全にできている手応えがありました。90分のフル出場が増えて、ケガもほとんどありませんでした。

「やっとプロの体ができあがったな」と自分でも思えたころです。

食生活や生活のリズムについては、ほとんど変わっていません。僕はあまり深く考えず、「とりあえず、食べて寝ていれば大丈夫やろ」というスタンス。ずっと意識しながら続けていたのは筋力トレーニングです。試合に出続けていても休むことなく続けていたので、きっとそれが効いていたんだと思います。筋トレをあまり好まない選手もいますが、僕は経験上、必要性をすごく感じていました。練習後の体のケアにも気を使うようになり、毎日のように針を打って、筋肉の固いところをほぐしてもらうようになりました。

メンタル面では、チームを引っ張る意識も増した時期でした。誰かに〝ついていく〟のではなく、〝引っ張っていく〟という意識に変わっていきました。（望月）達也さんや（手倉森）誠さん、コーチの手倉森浩さん、スタッフのみなさんからの信頼をそれまで以上に感じるようになりました。「なんとかチームを勝たせて、Ｊ１に上がりたい」という思いも、一層強くなりました。そのためには、もっと僕が点を決めなければいけないしアシストもしなければいけない、守備もしなければいけない。もっともっと自分自身が成長しなければいけないと意識が変わっていきました。

年齢の近い選手たちの意識の変化も感じていました。あまり口には出さなかったと思いますが、みんなにも「もう先輩たちについていくのではなく、自分たちが引っ張っていこう」

という意気込みが感じられた時期でした。新潟への期限付き移籍から帰ってきた中原貴之は背番号9を背負い、関口訓充は背番号が11に。そういった部分にクラブからの期待も乗っていたと思います。いずれにしても、間違いなくベガルタ仙台の意識は変わりました。

ただひとつだけ負担に感じていたのは、とても多い試合数。当時のJ2リーグ戦は年間48試合、4回戦の総当たりです。体力的にはものすごくしんどかった。同じ相手と4回も当たると、「もう分析なんてすることないやん！」となげやりになるくらい。

それだけ過酷なシーズンなので、終わったときには疲れよりも充実感がありました。全試合に出場したことも大きな自信になりました。

4年目でようやくプロで戦う体ができて、試合でも自分らしさが出せるようになって、チームでやっているサッカーも楽しくて、充実したシーズンでした。チームの中心としてプレーできている自覚も芽生えてきました。だからこそ、「今一緒にやっているみんなとJ1に上がりたい」という気持ちがとても大きくなっていました。今のこのチームで、J1でどれだけ通用するか試したい、と。

## フリーキックを武器にできるまで

前シーズンまで苦労していたセットプレーも、２００６シーズンからはほとんど僕が蹴るようになりました。

ただ、このシーズンは全くボールが合わなかったんです。あのときの僕は、感覚的に合わせにいきすぎていたんでしょう。ふとしたときに、ロペスから「俺の方が合わせるから、このあたりに蹴ってくれ」とアバウトな要求をされたんです。言うとおりに蹴ってみたら、徐々にタイミングが合うようになりました。「こういうイメージで蹴ったらいいんや」と、そこから自分の中でつかめてきたのを感じました。

イメージを固めすぎて蹴ると、力みすぎることが多い。ピンポイントでしか合わない場面もありますが、フリーキックは選手３、４人が反応して合わせにいってくれるプレー。ボールの軌道上に彼らが入ってきてくれれば、その人数が多いほどチャンスは増えるんです。「中の選手が合わせてくれる」という感覚で蹴り始めたら、いいボールがうまく蹴れるようになっていきました。

フリーキックは、中学生の頃までは全く練習していなかったんです。高校生になったくらいから少しずつ始めて、大学時代にも試合では年に2、3本くらいしか蹴っていませんでした。セットプレーのキッカーは任されることはありましたが、直接フリーキックとなるとプロになるまではほとんどやったことはありません。プロになって「蹴りたい」という気持ちは湧いてはいたものの、絶対的な信頼のあるシルビーニョがいます。だからまずは練習で蹴ってみて、監督やコーチ、チームメイトに「あ、こいついいキックをするな」と思わせなければいけませんでした。練習で精度の高いフリーキックを頻繁に蹴っていたのは、木谷公亮さん。同じ利き足のシルビーニョや木谷さんの蹴り方を目で見て盗みながら、徐々に直接フリーキックを蹴る機会が増えていきます。

そしてその後のプロ生活で、フリーキックは自分にとっての大きな武器となっていきました。

2005年6月4日 コンサドーレ札幌戦

2005年6月11日　横浜FC戦

2005年8月13日　コンサドーレ札幌戦

2006年6月3日　徳島ヴォルティス戦

2007年6月23日 愛媛FC戦

# ［第4章］昇格に向けて

## キャプテンという挑戦

２００８シーズンには、チームキャプテンとなりました。前シーズン終了後、手倉森誠さんがヘッドコーチから監督に昇格したときに打診されたんです。２００４シーズンに僕が仙台に加わってから、サテライトリーグなどでも僕らを指導してくれていた誠さんが監督になるタイミングということで、引き受けたい気持ちはとても大きかったんです。それでも、その場ですぐに「受ける」と返事はできませんでした。これまでのキャリアでも、キャプテンの経験はほぼありません。自分にとって初めての経験だし、やるのであれば理想とするキャプテン像をしっかり持っていないといけないいんじゃないかと思ったからです。実際、キャプテンになるというリリースが出た後には、メディアのみなさんから「理想のキャプテン像はありますか？」と何度も聞かれました。そのたびに「やっぱり目指すキャプテン像が明確にないといけないのかな」と悩んだのですが、結局具体的なイメージは思い浮かびませんでした。最終的に「キャプテンともなれば、試合に出続けるものだろう」と考えて、キャプテン就任にあたっての目標を「全試合に出る」と決めたんです。

試合に出ていないと、周りに要求しづらくなるし、説得力も薄れてしまうと当時は思っていました。まずは試合に出て、チームを引っ張ること。「こう言わなければいけない」「こう振る舞わなければいけない」というのはあまり意識しないように、「出続ける」というわかりやすい目標にしたというのもあります。

誠さんは、あまり僕が力を入れ過ぎないように気遣ってくれていたのか、「今までどおりやってくれたらいいよ」と言ってくれました。監督になってもそれまでと変わらず、選手と近い距離で接してくれて、すごくスムーズにコミュニケーションがとれていました。

選手としては、もっと周りを見なければいけないと責任感を持つようになりました。試合に出続けながら、周りの選手たちのメンタルや体調の変化に少しでも気づけるように心がけていました。

このシーズンを前にまた、選手たちとの別れもありました。萬代（宏樹）はJ1のチームに移籍するとのこと。僕は次のシーズンも仙台の選手として戦うことが決まっていたので、「がんばれよ」と声をかけつつ、自分たちも早くJ1に上がって対戦したい、と気持ちを新たにしました。同い年の中田洋介もチームを離れることになり、サッカーをしていればどこかで会うこともできると願いながら、「対戦が楽しみだね。お互いがんばろう」と言葉を交わしました。この2人とは、言葉どおりこのシーズンのうちに対戦することになるのです。

## キャプテンの証と役割

開幕戦でいざキャプテンマークを腕に巻いてピッチに入ると、やはり気が引き締まるというか、気合が入りました。のちに、キャプテンマークは強化部の丹治祥庸さんに巻いてもらうのがルーティーンになります。試合前にロッカールームを出ると、強化部のスタッフたちや社長とハイタッチをしながらピッチに向かうのですが、そこで腕章を渡して「着けてください」とお願いしていました。自分で着けるよりしっくりきたんです。

そして、キャプテンの仕事としてついて回るのが〝囲み会見〟。これは大変でした。試合日前の練習でも、試合後でも、大勢のメディアの前にチームを代表して立って話さなければなりません。人前で話すことがもともと得意ではないので、囲み会見は訓練のような感じ。シーズン後半には「もう話すことはないのになあ」と困ってしまうほどで、キャプテンとしての役割の大変さを身にしみて感じていました。

勝てているときはまだいいですが、負けが続いたときでも話さないといけません。僕自身もプレーヤーなので、うまくいかないときには自分に対してのイラつきもあるし、落ち込むこともあります。勝てないことにいろいろな批判が出るのはプロである以上しかたがないと思いますが、気持ちを落ち着かせて冷静に質問に答えるのはとても難しかったです。

それに、「チーム全体として」という感想を求められることが多く、ほかの選手たちが僕の発言を聞いていると思うと、今まで以上に言葉選びを意識するようになりました。

## 信頼と手応え

２００８シーズンは、序盤から引き分けが多く、リードしていても追いつかれてしまう試合が続きました。でも「難しいなあ」と思うことは少なく、自分も含め、選手たちはやっているサッカーに対して悩みはなかったと思います。「今のサッカーを続けていけば勝てる」という信念を共有できていたし、引き分けが多くても停滞しているようには感じなかった。試合に出続けながら、このチームでやろうとしているサッカーを磨いていくことだけを考えていました。

個人としては、13ゴールを挙げて初めてリーグ戦で2桁得点をしたシーズンになりました。前シーズンより総試合数は減りましたが、得点は増えています。理由としては、周りが自分に合わせてくれるようになったことだと思います。これまでは、〝周りに合わせなきゃ〟という意識でプレーしていたのが、練習や普段からのコミュニケーションを重ねることで僕の動きを見てくれるようになり、〝周りが合わせてくれる〟ように変わった。ボールに触る機会が格段に増えたんです。プレー面での信頼を感じた1年でもありました。

このシーズンは、サンフレッチェ広島が頭一つ抜け出ていて、モンテディオ山形が続いていました。僕たちは、上位を追いかける立場。「まずは勝点を一つずつ拾っていこう」を合言葉に、チームが徐々に良くなっている手応えをつかみながらシーズンは進んでいきました。

中でも、ライバルのモンテディオ山形とのダービーマッチでは、昇格を争っていたこともあり「絶対に勝たなければ」という思いが強かったのを覚えています。とくに印象深いのが、ホームでの山形戦。0－2で負けているところから、3－2での逆転勝ち。僕自身も1得点1アシストと結果を残すことができ、キャリアのダービーマッチの中でも、記憶に残る試合になりました。

## 忘れられないJ1・J2入れ替え戦

シーズンが進むにつれて調子が上向いていったベガルタ仙台は、最終節に1－0で勝利して3位となり、J1クラブとの入れ替え戦に臨むことになりました。

相手はジュビロ磐田。かつてのチームメイトの萬代がいるチームです。初めての入れ替え戦ということもあり、緊張や不安よりも「どういう雰囲気になるんだろう」とワクワクしていたのを覚えています。「勝ったらＪ１に上がれる。Ｊ１のチームはどれくらい強いのかな」と先走って考えるほど地に足がついていないような状態で、プレッシャーは感じていませんでした。相手のジュビロ磐田は、数多くのタイトルを獲った黄金期を小さい頃からテレビで見てきたクラブです。その相手を前に、はやる気持ちが抑えられなくなっていました。

ユアテックスタジアム仙台でのホーム戦のチケットは、すぐに完売。それだけサポーターの期待が高く、スタジアムの雰囲気もいつものリーグ戦とは全く違います。スタジアムにいるみんなが初めて体験する、期待と不安と興奮が入り交じったような、異様な空気。

そんな雰囲気の中で始まった第1戦。僕のスルーパスから、ＦＷナジソンがゴールして先制しました。このゴールで、ピッチ上の選手も、ベンチも、スタンドのサポーターも「いける！」という雰囲気になったような気がします。何とかこの1点を守り切りたいところでしたが、後半に失点。そのまま、試合は1－1で終了。試合が終わった瞬間は「勝てればベストだけど、Ｊ１のチームを相手に手ごたえを感じられた」とポジティブに考えられていたように記憶しています。

アウェイゴール制度もあり、第2戦は2点を取れば引き分けでもＪ１に上がれるという状況。そう考えると、「相手の方がプレッシャーだな」と感じていました。自分たちはチャレンジャーだから、当たって砕けろという思い切りの良さが一番大事。「悔いのない挑戦ができればいい」と、どこかまだこの舞台の重要さが呑み込めず、自分事ではないような不思議な感覚だったように思います。

そして迎えた第2戦。目に飛び込んできたのは、ベガルタゴールドに染まったスタンドの一角です。「今から90分戦った後に、一緒に喜んで帰りたい」と強く感じたのを覚えています。第1戦の後に全国的なメディアでも試合内容が取り上げられていて、やっと事の重大さを感じ、覚悟を持って試合に臨まなければと気持ちを新たにしていたところでした。

試合は2点をリードされる苦しい展開。でも0－1だろうが0－2だろうが、こちらが2点を取れば勝ち抜ける。とにかく2点を決めようと、負けていても諦める選手は誰もいませんでした。1点返せば相手のプレッシャーになって、試合がどう転ぶかわからない。

試合は最終盤、左サイドで直接フリーキックの機会をもぎ取ります。身体はすごくキツい時間帯でしたが、キッカーの僕はすごく冷静でした。

ボールをセットすると、磐田の選手たちが作る壁が目の前に立ち塞がる。相手ゴールキーパーの川口能活さんが味方DFに指示を出しながら構えに入る。様々な状況が目から入ってきますが、僕にはゴールだけが見えて、大きな声援も何も感じず意識が研ぎ澄まされていきます。ゴールに吸い込まれるボールのイメージが、鮮明に見えるんです。スポーツ選手が言う「ゾーン」というのは、きっとあのときのような状況のことだろうと今でも思います。

蹴ったボールはイメージどおりの軌道を描き、ゴールに吸い込まれました。

これで1－2。もう残り時間は少ない。でも、攻めるしかない。猛攻をしかけたものの、1点は遠く、僕たちの挑戦はここで終わりました。

試合が終わった瞬間に、脱力感や無力感が押し寄せて来たんです。スッと力が抜けて「あ、駄目だった」と、ピッチ上でしばらくぼーっとしてしまいました。何も考えられず、頭の中は真っ白。ふと周りを見渡すと、選手も監督やスタッフも同じでした。そんな状態の僕たちに、大勢のサポーターが「ベガルタ仙台」コールを送ってくれていました。何とか体を起こして、スタンドへとあいさつに向かいます。たくさんの声が聞こえますが、靄《もや》がかかったような感じで、耳をすり抜けていくように感じていました。

ロッカールームに下がってからは、サッカーのことを考えたくありませんでした。すぐに忘れたかった。移動のバスの中も、誰も言葉を発することもなく静かです。バスを降りたときに、「卓人、飲みに行こう」とゴールキーパーの（林）卓人を誘ったんです。２人でめずらしく朝まで飲んで、すべて忘れようとした夜でした。

2008年12月13日　J1・J2入れ替え戦　ジュビロ磐田戦での後半ロスタイムのフリーキック

SAKURA

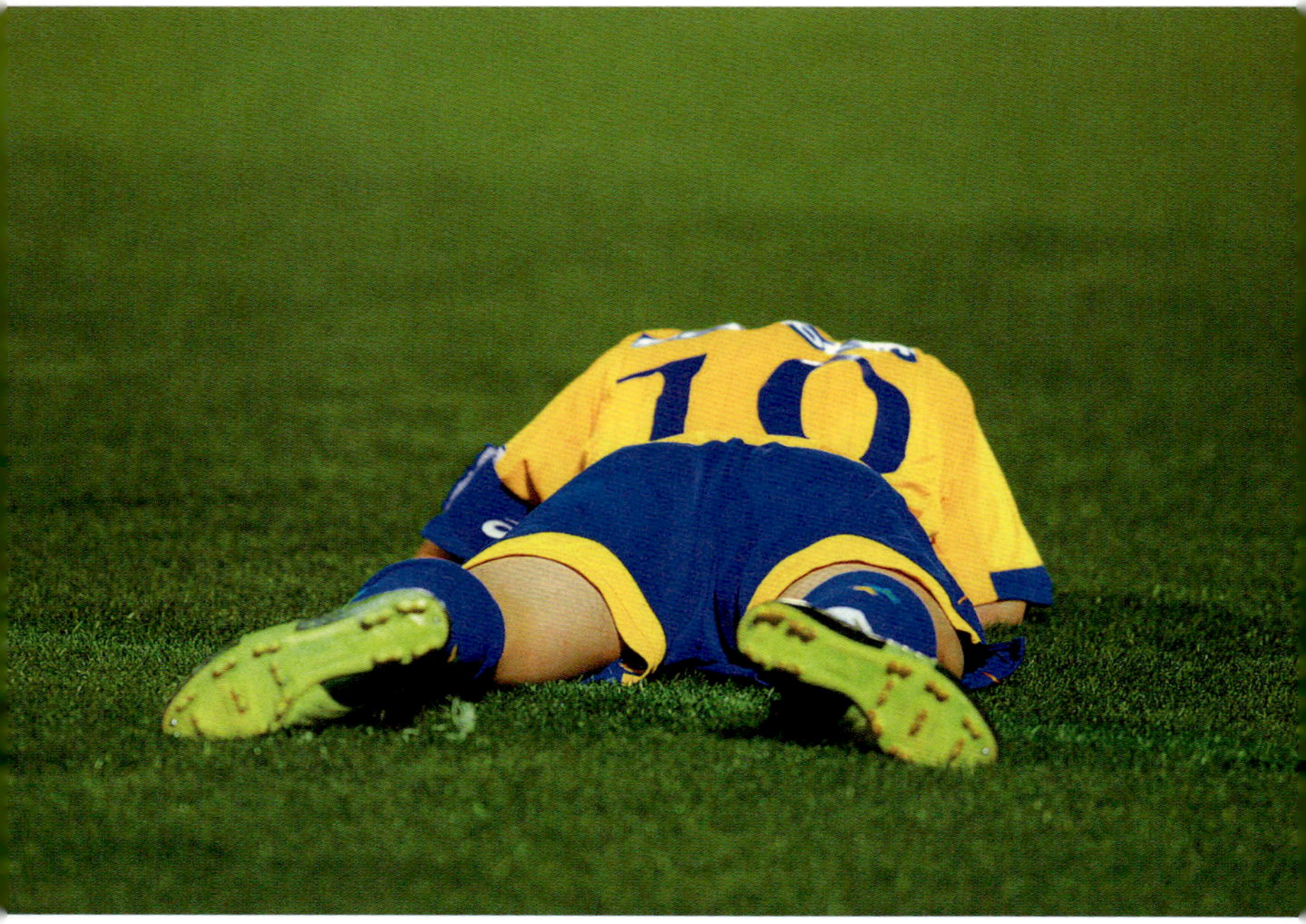

入れ替え戦終了後、ピッチに倒れこむ

涙を流しながら、サポーターへのあいさつ

## 激戦のあと

仙台に到着したのは試合翌日。それから、2、3日が経って、ようやく来シーズンもJ2で戦うという現実を受け入れられたような気がします。入れ替え戦に進んだため、他のチームより次のシーズンまでの時間が短く、「早く切り替えなければいけない」と思えたことが結果的には良かったのかもしれません。テレビのニュースでは、入れ替え戦直後の映像もいくつか目にしました。サポーターの中には泣いている人も多かったのですが、「来シーズンも一緒に戦う」と力強く話してくれている人もいてすごく勇気づけられました。

敗戦のあとすぐに、（手倉森）誠さんが監督を続けることが決まりましたし、入れ替え戦まで共に戦ったメンバーも多くがチームに残ってくれました。実は、他のクラブから僕に興味があるという声も届いていたそうです。ただ、「仙台に残って一緒にやろう」と仲間から何度も声をかけられたし、千葉直樹さんからも「来シーズンも一緒にやろう。お前がここにいてくれるなら、来年も俺はここでがんばるよ」と熱い言葉をかけてもらったんです。監督も「もう一回チャレンジしよう」と言ってくれていたこともあって、このタイミングでの移籍は考えられませんでした。チームメイトや監督、サポーターが自分を必要としてくれてうれしかったたし、「このチームで、J1に上がりたい」という気持ちが強くなっていて、いつも以上に早く契約を更新したのを覚えています。

入れ替え戦の映像は、オフの間にも何度か見返しました。「こうすれば良かったな」という反省も多かったのですが、見ているうちにＪ１のチームを相手に戦えた楽しさも蘇ってきました。当時のベガルタ仙台にはＪ１を経験したことがない選手が多かったからこそ、そういう選手たちと一緒にＪ１のチームと渡り合ったことがすごく楽しくて、このメンバーで昇格したいという思いが強くなったんです。もちろん、Ｊ２である程度できても、Ｊ１だと通用しないということも思い知らされました。この入れ替え戦をきっかけに、「昇格するためにはもっと練習してチーム力を高めなければ」という意識がチームに浸透していきました。敗戦の悔しさがチームを強くしてくれたと感じられた時期でした。

## 『完全昇格』を目指して

手倉森監督は、２００９シーズンに「完全昇格」を合言葉として掲げました。昇格の枠に入る、入らないではなく、「Ｊ２で〝優勝して〟Ｊ１に昇格する」ということです。Ｊ２リーグ戦は51試合。個人としては試合に出続けること、そして、このチームをＪ１に押し上げることを目標として掲げました。

この年の仙台は、セレッソ大阪、湘南ベルマーレ、ヴァンフォーレ甲府と昇格を争うことになりました。ポイントとなったのは、ゴールデンウィーク前後の連戦をすべて勝ち切れたこと。クラブ記録となる7連勝を達成しました。シーズン中盤の7連勝で、チームは波に乗っていきました。

２００８シーズンにチームの土台ができていたので、ベガルタ仙台が苦手とする夏場の試合でも、チームに勢いがつくような劇的な勝利が多かったんです。自分たちはただひたすら「やるべきことをやれば、絶対に勝てる」と信じて戦っていただけですが、「終了間際に勝ち越す」とか「劣勢でも耐え切る」とか、そういう勝ち方が増えていきます。それが続いて連勝となっていくと、「完全昇格」という目標も手が届く目標のように思えてきました。

たとえばＦＷの中原（貴之）は、交代で途中出場して終了間際にゴールを決めるような大きな結果を残すことが増えました。練習からいい準備をしていることは僕も見ていて頼もしく感じていたし、そういう結果を残せる選手が現れることも優勝するチームの特徴だと思います。

僕もチームの勢いに引っ張られるように、ゴールやアシストを積み重ねていきました。セットプレーの場面でも、（渡辺）広大やエリゼウ、中原、（千葉）直樹さんといったボールに合わせてくれる選手が揃っていたので、「アバウトにあのあたりに蹴っても、きっと誰かが決めてくれる」とプレッシャーが少ない状態で蹴ることができたのがよかった。さらには、マルセロ・ソアレスのように「いつの間にか点を取ってくれる」という天性の感覚でゴールを量産する選手も出てきます。

若いときから一緒に戦っている選手たちが、うれしいことも悔しいことも含めて多くの経験を共有して、主力として戦っています。僕の心の中には「このチームでＪ１へ」という思いが一層強くなっていました。

## 噛みしめた、昇格の喜び

僕たちは２００９年11月８日のＪ２第48節、アウェイの水戸ホーリーホック戦でＪ１昇格を内定させました。試合前の昇格条件は複雑だったのですが、「やっとここまで来た。あと一歩だ」と目の前の試合で勝利することに集中していました。

シーズンを象徴するような勢いのある試合運びができて、４－０でベガルタ仙台の勝利。あとは他会場の結果次第です。しばらくすると、ベンチのメンバーが両手を上げて喜び始めました。その瞬間、「昇格できたんだ」とほっとしたような気持ちになったことを覚えています。

選手とスタッフ全員でサポーターが待つスタンドへと向かいます。近づくにつれて、仙台サポーターからの「おめでとう」「ありがとう」という言葉がどんどん大きく僕たちに降り注いできます。記憶が抜け落ちたような入れ替え戦直後とは違って、この昇格が決まった瞬間ははっきりと心に焼き付いています。（手倉森）誠さんを胴上げできたし、写真もたくさん撮りました。実はこの日は、相手チーム・水戸のホームである、この「ケーズデンキスタジアム」のこけら落としだったんです。それでも優勝の喜びを前にしたらそんなことはお構いなしに、うれしさを爆発させてサポーターと喜びを分かち合えたことを今でも鮮明に覚えています。

仙台へ帰るバスの車内では、友だちや知り合いからひっきりなしにお祝いの連絡が届きました。仙台へ到着すると、僕は1年前と同じく（林）卓人に「飲みに行くか」と声をかけたんです。あの日の悔しさを忘れるには、昇格を決めたこの日しかないと。結局、（斉藤）大介さんも一緒に3人で、酒を飲みながら昇格の喜びを噛みしめました。

2009年11月8日　水戸ホーリーホック戦

水戸戦のあと、サポーターと喜びを分かち合う

ハーフタイム
提供：ケーズデンキ様 iPod
00251
K's
仙台
爆発
金色覇者
待っ

2009年12月6日「ベガルタ仙台J1おめでとう！」パレード

2009年12月7日「2009　Jリーグアウォーズ」にて登壇

## 『完全昇格』と『おめでとう』の声

昇格を内定させたものの、まだ「優勝」は達成できていません。優勝争いはセレッソ大阪との一騎打ち。２００７シーズンから、セレッソ大阪とはＪ２でのライバルで、勝ったり負けたりを繰り返していました。さらに、直接対決も残しています。「セレッソに勝って、優勝しよう」というのが合言葉になりました。迎えたセレッソ大阪との大一番、試合終了間際にヘディングシュートを決めたのは朴柱成（パク・チュソン）でした。普段は冗談を言うことも多い彼ですが根は真面目。この試合に向けていつも以上に気合が入っているのも感じていたので、ゴールの瞬間は一緒になって喜びました。やはり上位を争うチームは、こういった劇的な勝利を呼び込むのです。

セレッソ大阪に勝って首位にはなったものの、優勝争いは最終節までもつれます。シーズン最終節の第51節・愛媛ＦＣ戦では、エリゼウのゴールによって先制。ハーフタイムの他会場情報では、セレッソ大阪もリードしています。僕たちは勝利をもぎ取ろうと奮闘したのですが、終了間際に追いつかれて引き分け。試合後に整列しながら、「これは優勝は無理だろう」と気持ちも沈んでいました。ベンチに下がろうとしていると、突然歓声が上がりました。なんと、勝っていたセレッソ大阪が、後半アディショナルタイムで2失点して逆転負けとなり、僕たちのＪ２優勝が決まったのです。諦めかけたところから一転、まさに劇的な優勝でした。

試合後の優勝セレモニーで渡されたシャーレを、キャプテンとして高々と掲げました。小ぶりだったけど、２００８シーズンに届かなった悔しさも、２００９シーズンを共に戦った選手やサポーター、そして関わる人すべての喜びも詰まったような重みを感じた瞬間でした。スタンドからは「おめでとう」という声がたくさん聞こえましたが、僕たち選手からもサポーターのみなさんに「おめでとう」と返したい思いが大きかったです。

## 新たな道を天皇杯でも

２００９シーズンは、天皇杯でも好成績を残しました。当時Ｊ１クラブの大宮、ＦＣ東京を破り、準々決勝をホームのユアスタで戦うことになりました。相手はＪ１の川崎フロンターレ。来シーズンを考えると、今の自分たちがＪ１のチームを相手にどれくらい戦えるのかを試すいいシミュレーションにもなります。「Ｊ１のチームに泡吹かせたい」と、選手のモチベーションもとても高かったです。結果的には僕たちが延長戦の末に勝利したものの、「やっぱりＪ１は強い」と思い知らされるような、まったく主導権を握れない展開になりました。

いよいよ準決勝。試合会場は国立競技場。１９９３年にＪリーグの開幕戦も行われた、言わずと知れた〝サッカーの聖地〟です。夢の舞台で戦うのは、上位争いの常連・ガンバ大阪。僕たちも持っていた力をすべて出し切ったものの、１－２で敗れました。スコア以上に、プレーの質やサッカーの内容で差を見せつけられたように感じた試合でした。

## いざ、Ｊ１へ

Ｊ１初挑戦となる２０１０シーズンは、「Ｊ１で自分の実力を試そう」と心に決めて臨みました。「Ｊ１昇格おめでとう」という言葉をかけてもらってうれしかったのと同時に、（佐藤）寿人のようにすでにＪ１で活躍している選手たちとやっと同じステージに立てたという思いも大きかったんです。

開幕戦の相手はジュビロ磐田。さらに、入れ替え戦の因縁も頭をよぎるアウェイゲーム。「これもまた縁なんやろな」と感じました。Ｊ１で戦ったことがない選手も多い、Ｊ２を一緒に戦い抜いた選手たちをベースにしたチームでのチャレンジです。みんなで2年前の悔しさを思い出しながらも、ワクワクしていたのを覚えています。

試合開始から20秒で、（中島）裕希からの折り返しをシュートしてゴールを決めました。コースは甘かったのですが、雨でスリッピーなピッチ状態だったことも味方してくれました。僕にとってのＪ１初ゴールです。開幕戦の緊張も和らげる､理想的な先制点でした。チーム全員でその1点を必死に守り抜き、１－０で勝利。

試合後のインタビューでは「一昨年はここから泣いて帰ったけど、今年は笑って帰ることができる」とコメントしたそうですが、ほとんど覚えていません。ただ、緊張感から解放されて、すごくほっとしてバスに乗った記憶はあります。まだひとつですが、勝てたことでチームは間違いなく自信がつきました。

開幕戦の「やれる」という手応えを糧に、シーズン序盤はまずまずの成績をおさめます。ただ、第6節で清水エスパルスに１－５で大敗したあたりから、少しずつ歯車が狂いだしました。第7節ではヴィッセル神戸に負けてユアスタでの無敗記録が止まり、第8節でも負けて3連敗。「Ｊ１は甘くない」という言葉がのしかかってきます。一度うまくいかなくなると、立て直すのは大変です。カップ戦では勝てるけど、リーグ戦では勝てない。僕は朝鮮代表として一時チームを離れることになったのですが、その間もずっと「戻ったら流れを変えたい」ということだけを考えていました。

悪い流れを断ち切る答えは、誰もわかりません。自分たちのやっていることを信じて、耐えて、我慢して、戦い続けるしかありませんでした。「ひとつ勝てば流れが変わる」と思うものの、そのひとつがとてつもなく遠い。結果的には14試合も未勝利が続き、メディアでは過去のデータと比較されながら降格チームと予想されたりもしました。

後から振り返ると、「サッカーはメンタルが弱いとプレーにも必ず出てしまう」と痛感した時期でした。自信が持てないと、たとえリードしていてもひっくり返されたり、追いつかれたりしてしまいます。気持ちが下がると、ディフェンスラインまでずるずると下がってしまいます。

プラスな面でも、メンタルの影響は実感しました。大宮アルディージャ戦で15試合ぶりに勝ち、次の湘南にも連勝。勝つことで、少しずつチームとしての落ち着きも取り戻してきました。残留争いは最終節まで続きましたが、シーズン後半には連敗していた頃のような悲壮感はなくなっていました。監督も選手も「必ず残留する」という意思統一はできていました。

最終節の川崎フロンターレ戦に勝てば、自力でのＪ１残留を決められることになりました。この試合を前に、千葉直樹さんや平瀬智行さんといった、チームを支えてくれた選手が引退することを発表していました。喜びも苦労も分かち合ったチームメイトを、せめて残留を決めて送り出したい。

後半アディショナルタイムに、僕のコーナーキックに渡辺広大が合わせてゴールを決め、1－1に追いついて引き分けに持ち込み、チームは自力で残留を決めました。ゴールを決めた（渡辺）広大は、この日が誕生日だったそうです。でも本人もそれを忘れているほど様々なプレッシャーのあった試合で、試合後にすごく肩の荷が下りた気がしたのを覚えています。「あんなに苦労してJ1に上がったのに、1年で落ちるわけにはいかない」という思いを、ずっと抱えてシーズンを戦っていたんです。おそらく、チームのみんなが同じ気持ちだったでしょう。

振り返れば、「J1は厳しい」と思い知らされた1年。「このままではいけない」という危機感を持って、来シーズンへ気持ちを新たにしました。

## 人生の大きな決断

2009シーズンと2010シーズンの間のオフに、人生の大きな決断をしました。結婚です。J2優勝を決めてプロポーズをして、式を挙げたのは2010年の年明けすぐ。昇格を目指して戦いながら結婚式の準備なんてできるはずもなく、すべて妻任せにしてしまいました。結婚が決まってすぐに、夫をサッカーに集中させるために結婚式の準備もしなきゃいけないなんて、スタートからすごく迷惑をかけてしまって頭が上がりません。結婚式を終えて新シーズンが始まったと思ったら、今度は連敗続きの厳しい1年。結婚して「家族のためにがんばらなきゃ」と思う一方で、肝心のサッカーで全く勝てずに「いつになったら勝てんねん」と自棄になってしまうような日々の繰り返し。

妻はほとんどサッカーには口を出しません。それがすごくありがたいんです。僕がむしゃくしゃして帰ったとしても普段と変わらず、気を遣われすぎることもない。一度だけ、冗談交じりに「『あの試合はこうだった』とか言われたくないなあ」と言ったことがあったんですが、それを覚えているのかいないのか、試合のこともほとんど何も言われません。僕の性格をすごくわかってくれているんだと、普段のふとしたやりとりでも感じることは多いです。

チームメイトは歳の近い選手も多かったので、（林）卓人や（斉藤）大介さん、中島裕希といった選手とは家族ぐるみの付き合いでした。移籍してきた選手などの話を聞くと、クラブによっては家族同士ではあまり交流がないところもあるそうですが、そういう点ではベガルタ仙台は恵まれていたと感じます。

ホーム最終戦のセレモニーでは、最後に家族も一緒にピッチを回ります。僕は子どもが生まれてから、みんなで一緒に回るようになりました。子どもたちにスタジアムのすばらしい雰囲気を知ってもらいたいと思ったし、いつもプレーしている芝生の上を歩かせたいと思ったんです。

子どもたちを見ていると、驚かされることも多いんです。僕は家では関西弁で話していて、子どもたちも関西弁。たぶん学校では浮いてしまうから、友達と同じ仙台の言葉をしゃべって、帰ってきたら自然と関西弁になります。鳥栖にいたころは博多弁の「〇〇ばい」と急に言い出したことがあって「え？『ばい』？」とびっくりしたことを覚えています。そんなふうに子どもたちが地域に慣れ親しんでくれることも、安心してサッカーに打ち込めることにつながります。

家族ができた喜びを実感するのは、家に帰ればおいしい食事が食べられること。ナイトゲームの後に帰っても、家に明かりが灯っていること。たぶん家族みんなが少しずつ気を遣ってくれて、僕がリラックスして過ごせる環境を作ってくれているんです。家族のおかげで、大好きなサッカーに没頭することができました。

厳しいシーズンを戦うときほど、家族の存在の大きさを身にしみて感じていました。

2009年12月5日　愛媛FC戦後に記念撮影

HELL-BENT!!
It's On
IRIS
IRISOHYAMA
25
11

2009年12月5日　J2優勝のシャーレを高々と掲げる

# ［第5章］ 母国の代表と飛躍

## 代表に選ばれるということ

ベガルタ仙台でキャリアを積む一方で、子どもの頃から叶えたい夢がもう一つありました。その夢とは、朝鮮代表に選ばれて、W杯に出場すること。スーパースターたちが立った世界の舞台に、僕も立ってみたい。長年夢に描いていた憧れの舞台です。

代表選出は、東京にある「在日サッカー協会」と本国の協会とが連絡を取って、Jリーグで活躍している選手の情報を共有しながら「この選手を見てみたいので招集します」と決める、と聞きました。そして、「在日サッカー協会」からベガルタ仙台に連絡が入ります。当時の朝鮮のA代表では耳に髪がかかってはいけなかったので、代表に呼ばれると散髪していたんです。あとから聞いた話ですが、ベガルタのチームメイトたちは僕が髪を短くすると「代表に呼ばれたんだな」と勘ぐっていたようです。

当時、在日のJリーガーでは安英学（アン・ヨンハ）さんが代表によく呼ばれていました。それでも代表チームは本国の選手がほとんどで、僕たち在日の選手は「その輪の中に入っていく」という感覚でした。ヨンハさんとA代表で初めて一緒にプレーすることができたのは、2008年だったと思います。同世代の李漢宰（リ・ハンジェ）もそうですが、テレビでずっと見ていたので一緒にプレーするときにはワクワクしたことを覚えています。

## 代表のエンブレムを胸に

２００５年にマカオで開催された第４回アジア大会で、初めて代表のユニフォームに袖を通す機会を得ました。ただ、この試合は国際Ａマッチではなかったので、Ａ代表としての記録は残りません。それでも、僕にとっては初めて代表チームに呼ばれた名誉ある機会でした。年代別の代表に呼ばれたことがなかったので、僕にとってのスタートが年齢制限のないA代表。初めて代表に呼んでもらったこのときは、まだプロ2年目であまり自信を持てずにいた時期で、「自分がここにいてもいいのだろうか」と不安が大きかったことを覚えています。国を背負って戦うことは、ベガルタ仙台でプレーすることとはまた違った重みがあります。代表のエンブレムが入ったユニフォームを着てピッチで国歌を聴くときには、気持ちがとても昂ります。何度経験しても、様々な想いがこみあげてくる瞬間です。

それでも、試合には得意のトップ下で出場することができ、マカオ戦でハットトリック、韓国戦では1点を決めることができました。「これからも代表に呼ばれるようにがんばろう」と、それまでは憧れだった「代表」が、明確に目標として持てるようになった大きな経験になりました。

初めて朝鮮民主主義人民共和国のA代表として出場したのは、２００８年の東アジア選手権で、これが最初のAキャップになります。代表に呼ばれたのは、シビアなシチュエーションの試合が多かったんです。それに、合流してから2、3日で試合をしなくてはいけなくて、連携面での難しさもありました。僕は普段日本でプレーしているので、本国の選手たちの連携を乱すわけにはいかない。日本から呼んでもらっている分、短い活動期間のうちにプレーで貢献しなければと、身が引き締まる思いでした。

本国のメンバーからすれば、日本から突然合流してくる在日の選手には「絶対に負けたくない」という気持ちが強かったと思います。表にはあまり出しませんが、本国の選手たちはずっと同じ施設で寝食を共にし、年間を通して代表選手として一緒に活動していてひとつの家族のような結束があります。

そんな中で、ヨンハさんのようにすでに代表でプレーしていた在日の選手の存在はすごく大きかった。彼がすでに代表チームで信頼を得ていたからこそ、本国の選手たちからの見られ方が変わっていたのだと思います。日本で育った在日の選手として、僕もその後の世代につなぐ責任を常に感じるようになりました。すごく大変でしたが、今になって振り返るといい思い出です。

## 代表ならではの経験

僕が本国に行ったことがあるのは、高校の修学旅行くらい。それまでは、日本のメディアで報じられている限られた風景しか知りませんでした。でも、代表活動を通して短い間ではありましたが、向こうでの生活も体験できました。いろんなところに日本との違いが見えたりして、それぞれのよいところと悪いところを考えながら過ごしていました。

代表での活動は、周りのリズムに慣れるのが大変でした。朝鮮代表では、練習の開始時間が直前になってから知らされるということも多々あります。それがあたりまえらしいのですが、僕はなるべくならテーピングなどの事前準備は宿舎を出る前に済ませておきたいタイプ。もたついていると、代表経験のある選手たちは一気に準備を済ませて、何食わぬ顔で練習に向かいます。そもそも、ベガルタ仙台の選手以外と一緒に活動するのがプロになってから初めてなので戸惑うことばかり。大勢が一緒に行動する代表活動では、そのリズムに慣れないといけないのはわかるものの苦労しました。

代表活動といえば、長距離の移動もあります。さらに移動した先では、その国ならではの過酷な気候が待っていることもあります。イラクで試合をしたときには、すごく暑いけど湿度は低く、試合開始２分ほどで驚くほど喉が渇いたこともありました。Ｗ杯本戦のときには、試合会場やキャンプ地として高地にも行きました。酸素が薄いとボールの軌道も普段と全然違うんです。フリーキックの練習で、いつもの感覚でボールを蹴ってみたら、思い描いたコースとは全く別の方向に飛んでいくことも。海外のサッカーを見ていると「なんでこんなミスキックをするんだ」と思うような場面がありますが、それには気候も影響しているんだと実感しました。でも試合を見ているファンやサポーターには、画面越しであればなおさら、そういう状況は伝わらない。南アフリカ大会では、試合中にずっと鳴っているブブゼラも曲者でした。いつもと違う状況の中でも、結局は国を背負って勝たなければいけない。「代表選手のプレッシャー」を間近で感じられたのは現地にいたからこその経験ですし、そういう過酷な環境の中でも母国のために勝つ、タフさを身につける必要性を感じた時間でした。

## メンバー外の悔しさと、憧れのピッチ

代表選手としての憧れの舞台は、やはりW杯です。2006年ドイツ大会は、プロになったばかりでベガルタ仙台でポジションを取ることが第一だったので、代表のことを考える余裕はまだありませんでした。目標として現実味を帯びてきたのは、2010年南アフリ

カ大会です。
２０１０年はじめに、アジアチャレンジカップの代表に選ばれました。代表チームとしてはW杯のメンバー選考を兼ねた大会で、プレーが良かった選手の2、３人が最終メンバーに加わることができると聞いていました。「絶対に活躍してメンバー入りする」という強い覚悟を胸に、会場のスリランカに到着しました。大会中は「これで選ばれなかったらしょうがない」というほどすべてを出し切り、チームは優勝。結果として、大会の得点王にもなって、メンバー入りの可能性を手繰り寄せられたと感じていました。

しかし、W杯アジア最終予選で僕の出番はほとんどありませんでした。そんな僕の状況とは裏腹に、代表チームは勝ち抜いていき、ついに史上2回目のW杯本大会出場を決めます。在日の一人として母国の快挙がすごくうれしかった反面、自分がその場所にいられないことの悔しさも大きかったです。

それでも、「Jリーグで結果を出せば、もしかしたらW杯本大会に呼ばれるかもしれない」という望みを捨てきれずにいました。そんな中で、本大会に出場する代表チームにサポートメンバーとして帯同してほしいという話が舞い込んできました。23人の登録メンバーにアクシデントが起きたら、入れ替わりで登録される可能性もあります。グループステージの対戦相手は、ブラジル、ポルトガル、コートジボワール。有名選手たち相手に母国の代表が戦う姿を、目に焼き付けたいという思いもありました。

帯同する以上は、チームの雰囲気を悪くするようなことだけは絶対にしてはいけない。在日からはヨンハさんと鄭大世（チョン・テセ）が選ばれていたし、同じ在日として2人にもがんばってもらいたいと思っていました。

現地ではずっとヨンハさんと同部屋で、尊敬している先輩ではありますが、2人部屋でずっと一緒にいるのはメンタル的には少し大変でした。出場するヨンハさんのコンディションを最優先させないといけないし、邪魔にならないように心がけていました。試合に向けた練習では、代表の先輩たちから「おまえ、すごくいいよ」と褒めてもらうことが多くて、すごくうれしかったのを覚えています。

## 世界の舞台で戦うためには

僕は選手としての帯同ではありませんでしたが、試合前のウォーミングアップもピッチ内で一緒にできました。チーム関係者用のパスをもらい、試合もベンチに入って、ピッチサイドで出場する選手たちと同じ目線で見られるようにしてもらえました。ポルトガルが対戦相手ならクリスティアーノ・ロナウド、コートジボワールならドログバやヤヤ・トゥーレといった選手たちが目の前にいます。間近で試合を見ていて、一番強いと感じたのはコートジボワール。体格が全く違うし、強さや速さといったフィジカルの能力も抜きん出ていました。朝鮮代表はポルトガルに０－７で敗れ、コートジボワール戦０－３での敗戦と、点差はコートジボワール戦のほうが開きはありませんでしたが、内容では完敗に思えました。それほどの差を感じました。

世界トップレベルの試合を目の当たりにして、「このままじゃ、駄目だ」と危機感が強くなりました。選手の個の力がどこも強くて、個人で打開できてしまえば戦術なんて関係ないのではと感じてしまうほど、これまでの常識を覆されました。

たとえば、日本だとＤＦの選手が「後ろであまりボールを持つな」とか「そこはシンプルにプレーしろ」と言われるような場面で、世界の強豪国のＤＦは、プレスをドリブルでかわしながらどんどん前線に上がってくるんです。そうすると、相手は後手に回って対応せざるを得ない。「ベガルタ仙台でこんなふうにできたらどれだけ楽だろう」と思いながら、個人の強さを磨くことの重要性を実感しました。

試合中は「自分がもしこのポジションに入ったら、どういうプレーをするかな？　何ができるかな？」という視点でも見ていました。普段はプレーヤーとしてピッチの中にいますが、外から見るとパスを出せるスペースが次から次へと見えてきます。

朝鮮代表や日本代表が、コートジボワールのような身体能力を武器に感覚で動くようなプレーで挑んでこられたら、武器になるのは規律だと思います。俊敏性を保ちながら規律的な動きをされると、アフリカなどのチームは嫌がるだろうと感じることもできました。

僕は仙台でずっと試合に出ていて、その状況に慣れてしまっているのかもしれない。もしかしたら、甘さも出てきているのかもしれない。そう思い返すきっかけになりましたし、圧倒的なプレーを身につけたいという新たな目標も立てられました。すべて、このW杯に帯同したからこそ得られた経験でした。

## 次の舞台へ、そして、次の世代へ

W杯から戻ってきてしばらくすると、セキ（関口訓充）が日本代表に呼ばれるようになりました。ベガルタ仙台でプロになった選手が日本のA代表に呼ばれたのは、彼が初めて。セキの代表入りはクラブとしても大きかったし、周りの選手たちにとっても大きな刺激になったと思います。ベガルタ仙台から代表選手がもっとたくさん出るようになれば、チームとしてもさらに強くなるはず。それは、僕自身が代表に行ったからこそ感じられた思いです。「代表を目指している」という選手はほかにもいたと思いますが、口に出す選手は当時まだ少なかった。しばらく後に、シュミット・ダニエルや西村拓真など、ベガルタ仙台からも日本代表に選ばれる選手が出てきます。

僕個人としては、南アフリカ大会のあとも朝鮮代表に呼ばれる機会がありました。南アフリカ大会を経験して、代表でレギュラーとしてプレーしたいという思いはより一層強くなっていました。本番のピッチに立てなかった悔しさが、自分のサッカーの原動力になっていた時期です。２０１４年ブラジル大会の予選では代表に呼ばれる機会も増え、「チームの一員として、本大会出場を目指す力になろう」と意気込んでいました。

そして、予選組合せでは、日本と同じグループに入ります。平壌で開催された我々のホームゲームでは、ベンチ入りしたものの出番はなかったのですが、埼玉スタジアム２〇〇２での試合では、ついに出番を掴むことができました。

２００２年の日韓W杯も開催された憧れの埼スタで、代表選手としてワールドカップ出場を賭けて日本代表と戦う。こんな最高のシチュエーションは二度と訪れるものでもないかもしれない。試合が近づくにつれ、楽しみな気持ちと共に「勝ちたい」という思いが強まります。

ベガルタ仙台サポーターにも「代表おめでとう」という言葉に加えて「あまり活躍してほしくないけど…、２‐１で日本が勝って、１点梁さんが決めてくれるのがいいな」と笑いながら励ましの言葉をもらいました。

結果として、最後の最後に、吉田麻也選手に決められて０－１で敗戦。振り返ると、なかなか自分の思うようなプレーはできなかった。「まだ実力が足りない」と思い知らされた一戦でした。僕は朝鮮民主主義人民共和国の代表として、国際Ａマッチは21試合に出場することができました。そのなかでもこの埼スタでの試合は強く印象に残っています。

残念ながら、最終予選を前に２０１４年ブラジル大会への挑戦は幕を閉じ、「この次のＷ杯は年齢的にももう無理だ」という思いが頭をよぎりました。次の２０１８年ロシア大会は、下の年代の選手たちに経験を積んでもらい、代表を支えてほしい。

たとえば、李栄直（リ・ヨンジ）。彼は同級生の弟で、僕が高校時代にはお母さんと一緒に練習を見に来ていた選手です。彼がプロになって、朝鮮代表に入って僕と一緒にプレーするようになり、不思議な感覚を覚えました。「次はお前たちが在日のサッカーを支えて、代表に入ってがんばれ」とバトンを渡そうと思える、つながりのある選手でした。

ここで僕は、代表に区切りをつけることに決めたのです。

## 東日本大震災

南アフリカW杯の翌年の２０１１シーズン。キャンプでは手応えがあったし、開幕戦のアウェイでのサンフレッチェ広島戦も０‐０の引き分けで内容は悪くなかった。３月11日は、翌日の名古屋グランパスとのホーム開幕戦を前に、「前年のＪ１王者に自分たちがどれくらい通用するか試せる」と意気込んでいました。

14時46分、練習を終えて仙台市中心部に向かい、駐車場を探していたときでした。横のファッションビルの窓ガラスが大きく揺れはじめ、「地震だ！」とビルからたくさんの人が出てきたんです。周りの人たちが車に駆け寄ってきて、車載テレビを指さしながら「テレビを見せてください！　何が起きたんですか」と言われたんですが、僕は気が動転していたこともあって「ごめんなさい」と断り、とにかくその場を離れて自宅の方向へ向けて車を発進させました。

お腹に子どもがいる妻が、一人で家にいたんです。心配で、どうにか急いで帰ることだけしか考えられません。ところどころで信号機が折れ曲がっている道路をゆっくり走行しながら、40分くらいかけて帰宅できました。

当時は近所にチームメイトが多く住んでいて奥さん同士も仲が良かったので、それぞれの家から中間くらいの位置にある公園に車を並べて一晩過ごしました。寒かったので毛布を取りに家に戻ったのですが、家の中はぐちゃぐちゃで、余震も続いていたので怖くてすぐに出たのを覚えています。車の中でテレビに映る光景に唖然としていました。

クラブから安否確認があり、翌日の名古屋戦の中止が告げられました。チームとしての活動は休止して、個人でどうにかしのぐことになったのです。「いつになったらサッカーができるか」なんて、とてもじゃないけど考えられる状態ではなかったし、まずは家族の安全を確保することを最優先に考えました。当時は地震の被害だけでなく、原発の事故もテレビで繰り返し報道されていて、限られた情報の中で危機感ばかりが増していきます。地元の大阪から「大丈夫か」というたくさんの連絡がありました。妻だけでも大阪に帰せないかと考えを巡らせていました。

また地震が起こるかもしれない怖さもずっと続いていたし、津波の映像を見たらすぐに復旧を考えられるレベルの出来事でもない。毎日亡くなった方や行方不明になった方の人数がテレビやラジオで報道され、「この状態がいつまで続くんだろう」という不安ばかりが膨らんでいきます。

そんな中でチームメイトの斉藤大介さんの奥さんのご両親が、地元の京都から迎えに来られるという話を聞きました。ありがたいことに、身重だった僕の妻も一緒に乗せて行ってもらえることになったんです。

妻と離れてひとり仙台に残った僕は、チームメイトの韓国人選手・朴柱成（パク・チュソン）が一人暮らしをしていた家に3、4人の選手で集まって、1週間くらい過ごしました。それぞれの家から食材を持ち寄って、分け合って食べて、夜はろうそくの明かりで過ごしました。独身のチュソンはひとりで不安だったろうから、お互いに励ましあって過ごしました。

結局、震災発生から1週間後くらいに、大阪に戻ることを決めました。ガソリンが少ないことは聞いていたので、陸路ではどこまで行けるかなどを選手同士で情報交換しながら、僕は大阪に向けて出発したのです。

## チャリティーマッチに見た希望

大阪に戻った頃に、チーム活動が再開するという連絡を受けました。チームの再始動を前に、日本サッカー協会とJリーグが、被災地を勇気づけるためにチャリティーマッチを開催してくれることになり、僕もそのメンバーに選ばれました。ここで「出てほしい」と声をかけてもらって、自分の中でも少しサッカーを再開するスイッチが入った感じがしました。

開催日は3月29日に決まり、試合の名前は「東北地方太平洋沖地震復興支援チャリティーマッチ がんばろうニッポン!」。ベガルタ仙台も同じくらいの時期に活動を再開し、僕と関口(訓充)はチャリティーマッチでプレーしてから合流することになりました。

チャリティーマッチの会場は大阪。思い出の長居スタジアムです。

ピッチに立つと、震災が起きた瞬間から失われていた、あたりまえのようにやっていたサッカーやあたりまえに過ごしていた日常のありがたさを実感しました。正直なところ、ピッチに立つ寸前まで、気持ちの整理ができずにいました。サッカーに、以前のように100%の意識を向けることができなかった。でも、スタジアムで多くの気持ちがこもったメッセージ入りの横断幕を見て、いろいろなチームの応援歌の中にベガルタ仙台のものも聞こえて、サッカーができる喜びを噛みしめることができました。「また、サッカーがしたい」という強い思いが湧いてきました。試合ではレジェンドのカズさん(三浦知良)が見事なゴールを決めて締めくくってくれました。あのゴールを見て、多くの人たちが生きる力を呼び起こされたと話していました。僕もその一人です。サッカーのすばらしさ、スポーツの力の偉大さをこれほど強く感じたことはありません。自分にとっても「サッカーは楽しい」という原点を、この場で再確認することになりました。

## 再開したら恩返しを

Ｊリーグの再開に向けて、仙台の練習場が使えない状態だったベガルタ仙台は、千葉と浦和で練習場を提供してもらいました。最初は千葉の市原緑地運動公園臨海競技場、そして浦和レッズは埼玉スタジアムのサブグラウンドを貸してくれたんです。こういうときに手を差し伸べてもらえて、本当にありがたかった。

再開に向けた準備をしている間も、関東で練習をしていたときも大きな余震がありましたし、「再開して大丈夫かな」という不安はずっとありました。それでも、ベガルタ仙台の選手としてリーグ戦の再開に備えようという気持ちの方が少しずつ大きくなっていました。マルキーニョスが地震への不安からこの時期に退団することになりましたが、外国籍選手にとっては地震自体がめったにない経験で、その意思もチームみんなで尊重しました。

「この状況でサッカー選手に何ができるのか」ということもずっと悩みました。それでも、Ｊリーグが再開したら結果を出すしかない。あのチャリティーマッチで感じたサッカーの喜びを、Ｊリーグを通してもっと伝えたい。

僕は阪神・淡路大震災を経験しています。地震では家屋の倒壊や火事が危ないというイメージがあったんですが、東日本大震災はそのときと違って津波の怖さを思い知りました。

アウェイからの帰り、仙台空港周辺で見た瓦礫の山も記憶に残っています。

Jリーグが再開するまでの間にも、再開後にも、クラブとして被災地を訪れて、仮設住宅に暮らしている人たちをねぎらうために各地を回りました。行く先々で温かい声をいただいて、励ましに行ったのに僕たちのほうがパワーをもらって帰ることがほとんどでした。もしかしたら、訪問されるのを嫌がる人もいたかもしれません。それでも「いつもベガルタを応援しているからがんばって」と声をかけてくれます。不自由な生活をしているのに、僕らのことを応援してくれている。「サッカーで恩返しするしかない」という思いが、自分たちのパワーとなった時間でした。

## Ｊリーグが戻ってきたあの日

Ｊリーグは、４月23日に再開することが発表されました。関東でのキャンプ中に聞いたときは「こういう状況でもリーグは再開するんだな」とまだまだ不安もありつつ、「決まったのなら、しっかり準備をして、恥ずかしくない試合をしないといけない」と決意を固めました。再開戦の相手は、優勝候補の川崎フロンターレです。

あっという間に試合当日を迎え、会場の等々力競技場に到着して驚きました。「サポーターのみんなも、さすがに今日は来られないだろうな」と覚悟していたのですが、スタンドを仙台サポーターが埋めてくれていたんです。震災発生から1カ月余り、サポーターのほとんどが被災されて、本当はサッカーどころじゃないはずです。ガソリンの確保もままならない中、僕たちの試合を観に、これだけのたくさんの人が遠くアウェイの地まで来てくれている。ウォーミングアップ前に、ベンチ入りしない選手も含めたチーム全員で、サポーターの前であいさつをしました。サポーターの顔を見ると、もちろんサッカーを観られる喜びが伝わってきた一方で、涙を流す人や気合のこもった表情で声をかけてくれる人など、たくさんの気持ちを感じることになりました。僕だけでなく、選手・スタッフ全員の気持ちが揺さぶられたし、気合を入れなおした瞬間でした。

試合は、川崎フロンターレに先制を許します。僕たちも全力でぶつかりますが、久しぶりの実戦でもあり、なかなか思うように攻められません。しかし後半、競り合いの中から赤嶺（真吾）が出したパスにヨシ（太田吉彰）が足を伸ばしてシュート。相手DFに当たりながらも、キーパーの上を超えてゴールに吸い込まれていきました。駆け寄ると、ヨシは足が攣っていて立ち上がれません。強いシュートではなかったのにゴールに吸い込まれていくボールは、本当にサポーターやファンやみんなの気持ちが乗っているように感じました。「引き分けでも十分」、そう思って観ていた人も多いかもしれません。でも、僕たちは最後まで戦います。震災から今日までのいろいろなことを振り払うように、必死でボールを追い続けました。試合終了間近になって、コーナー付近でフリーキックを獲得します。キッカーは僕。ファーサイドまで蹴ったボールに、鎌田（次郎）がヘディングで合わせてついに逆転。

正直、この日の試合は戦術やプレーの中身というより、気持ちで勝てた、みんなが背中を押してくれた勝利だと思っています。勝利を喜ぶサポーターを見てすごくうれしかったし、プロサッカー選手としての自分たちの居場所が戻ってきたこともうれしかった。サッカーでみんなに元気や勇気を与えられるかもしれないと改めて感じた試合でした。

2011年4月23日
Jリーグ再開戦となった川崎フロンターレ戦

東日本大震災から1カ月半後にもかかわらず川崎に大勢のサポーターが詰めかけた

みんなの気持ちが乗った、太田吉彰の魂のゴール

## 戦い抜いた2011

震災の影響でユアスタの照明が壊れ、直るまでにはしばらく時間がかかるということで、このシーズンは水曜日の日中にも試合を開催しなければいけませんでした。そんな状況でも、スタンドには多くのサポーターが駆けつけてくれます。その期待を背負って、「自分たちもそれに応えたい、応えなければ」という思いで戦っていました。

いろいろと大変なことが山積みでしたが、実は妻の出産予定も近づいていました。監督の（手倉森）誠さんから「立ち会ってきたらどうだ」と声をかけてもらい、練習を休ませてもらって妻のもとに向かいました。妻のお腹で震災を体験し、僕も関東でのキャンプなどもあって一緒にいられなかった中で、無事に元気に生まれてきてくれてすごく安心したのを覚えています。

直後のホームゲーム・ヴァンフォーレ甲府戦では、先制ゴールを挙げました。ゴール後にはチームメイトと一緒に〝ゆりかごダンス〟を踊って、試合にも勝てました。サポーターからは「リャンヨンギ　パパはじめました」と書かれたフラッグをもらったんです。僕にとっても記念になる試合になりました。

このシーズンは、Ｊ１全チームの中で最少失点を記録しました。みんながよく走って、体を張って守り、間違いなく当時のＪクラブでは上位のハードワークで毎試合戦いました。もともとシーズン前のキャンプから２０１０年の経験も活きていることを実感していたし、もちろん震災を経て得られた使命感もあったと思います。そして「チームが一つになって戦えば、上位にいける」ということを実感した年でもありました。能力の高い選手をただ揃えればいいのではなく、チームが一体感を持たないと上には行けないし、そうできれば勝ち上がれる。だからこそ、クラブの最高成績となる４位まで上ることができたんだと思います。前シーズンに残留争いをしたチームと考えれば夢のような結果ですが、次のシーズンでも結果を残すことがこれまで以上に求められます。

２０１１シーズンは、Ｊリーグのフェアプレー個人賞を受賞することもできました。警告をもらうことが少なく、クリーンなプレーを続けたことを称える賞です。このときには「僕が？」と意外に思ったのですが、キャリアを終えて振り返ると、一度も退場処分になったことがないんです。あれだけ激しい戦いの中での受賞ということで、喜びもひとしおでした。

## 大ケガを乗り越え、頂点を目指す

手倉森監督は、２０１２シーズンを「〝証明の年〟にするんだ」と選手たちに呼びかけていました。「2011年の4位は、良くも悪くも震災があったから」という声が少なからずあった中で、次のシーズンも結果で示せれば「まぐれ」や「たまたま」ではないと自分たちの力の証明となると考えていたんです。

もっと攻撃力を高めようと、できるだけ相手陣内でプレーすることを心がけました。センターバックに上本大海が加わったことも大きかったです。守備の要でありながら攻撃的に最終ラインを上げる意識の強い選手で、何度も「ラインを下げるな！　前からプレッシャーをかけにいってこい！　後ろにボールが来たら、オレがなんとかするから！」と声をかけられたことを覚えています。それまでは自分もゴール前まで戻って守備をすることが多かったのですが、ラインを高く設定するようになってから攻撃の意識を強く持つことができるようになりました。

ただ、僕はこのシーズンの開幕を前に、タイのバンコクで開催されたブリーラム・ユナイテッドとの親善試合で全治3カ月の大ケガを負ってしまいます。学生時代を振り返っても、ここまでのケガは初めての経験でした。このときはキャンプ中で、同時期にキャンプ地で行う練習試合とタイでの親善試合とで2つの試合が組まれていました。僕はタイで試合をするグループだったのですが、「タイまで行かなくてもいいなあ」と消極的な気持ちがあったんです。そういう気持ちだと、ケガを負うようなプレーになってしまうんだと痛感した場面でした。強い気持ちを持たなかったことを後悔したし、開幕直前ということもあってショックが大きかったです。

試合に出られない間も、チームは快進撃を続けていました。チームの調子が良いからこそ、そこに自分がいられないことへの焦りも大きかったです。僕がプレーしていたポジションでは、太田吉彰や関口訓充がすばらしいプレーを見せていました。チームの戦術もうまくいっていて結果も出ていたので、「復帰してもポジションを奪うのは大変だぞ」と気合を入れなおしていました。

４月21日のホームゲーム・ＦＣ東京戦で、ベンチに戻ることができました。４－０で迎えた終盤、出番が回ってきました。復帰すぐの僕が出られるような状況を作ってくれたチームメイトへの感謝の気持ちが大きかったです。そして、何よりも忘れられないのが途中出場が告げられた途端にスタンドで起きた〝リャンダンス〟。スタジアムが揺れるような迫力でした。キャリアの中で何度も見てきたリャンダンスですが、この復帰戦には特別なものがありました。

その後の試合でも、スタメンで出ている同じポジションの選手たちは僕とは特徴が違うので、自分らしく、自分の感覚を取り戻せれば再びスタメンに入れると信じてプレーを続けました。みんなが競い合いながら必死でプレーして、チーム自体がすごく自信に満ちあふれていたし、歯車がうまく噛み合っていたのを感じていました。Ｊ１に昇格して3年目で、リーグ戦の優勝争いに関わることになるなんて、選手たちも考えられないことでした。ただ（手倉森）誠さんは監督になった２００８シーズンの開幕前に「5年でＡＣＬ（ＡＦＣチャンピオンズリーグ）に行くぞ」と目標を掲げていました。当時Ｊ２だった僕としては、正直ピンときませんでしたが、こうして現実に見えてくると「言霊はあるんだ」と思わされました。

早い段階で優勝争いはサンフレッチェ広島との一騎打ちとなりました。ただ僕たちは、大事な試合を落としたり、シーズンの終盤になると勝てない試合が増えてきたんです。第25節、優勝を争うサンフレッチェ広島とのアウェイゲームは追いつくことができずに敗戦。第32節アウェイでの鹿島アントラーズ戦では、３－１でリードして試合を折り返したのに、追いつかれて３－３の引き分け。ここにきて、力不足を感じさせられました。当時のベガルタ仙台ではＪ１の優勝争いを経験したことがあるのがヤナさん（柳沢敦）くらいで、経験がなかった。優勝の可能性が消えたのが、最終節のひとつ前、第33節のアルビレックス新潟とのホームゲームでした。相手は残留争いの渦中にあったけれども、簡単に「勝てるだろう」とは思っていませんでした。こちらはタイトル争い、相手は残留をかけての一戦ということで、互いに負けられない中での意地のぶつかり合い。苦戦を強いられ、最後には1点が届かずに優勝の可能性も消えてしまいました。こういう試合で勝てるチームこそがタイトルを取れる。メンタルが大切なスポーツだと、あらためて痛感させられた一戦でした。

## 手倉森誠さんの教え

この数年の快進撃には、（手倉森）誠さんが監督として強い意志でチームを引っ張ってくれた影響がとても大きかったと感じます。僕はプロになってから4年間、毎年監督が交代していました。結果を求められるプロの世界ですからしょうがないと感じていましたが、やはり誠さんがヘッドコーチを経て、監督まで継続してチームを見てくれたことで、選手にも積み重ねが生まれたように感じます。誠さんは普段の練習から選手のことをよく見ていますし、何か気づいたらすぐ話しかけてくれます。選手のモチベーションを高めることもうまかった。試合中でも、1点差くらいならすぐに逆転できるだろうと思わせてくれるんです。

選手の入れ替わりがそれほど多くなかったことも、戦力のベースになっていたと思います。今ではどのチームも移籍がかなり頻繁に行われていますが、選手としても同じメンバーで戦えるのはとてもやりやすいですから。この時期のベガルタ仙台は若手の頃から所属している選手たちが実力をつけ、サブのメンバーまで厚みが増し、ベテランや何かに長けた選手を補強するという理想的なチーム作りができていた。

まだまだ紙一重の勝利が多い印象はありましたが、必死に走って勝利をもぎ取ることができていた。チームというのは、個の能力も必要だけれど、結束力が何より大切だと実感していました。

2011年5月3日　アビスパ福岡戦

2011年6月22日　ヴァンフォーレ甲府戦

ヴァンフォーレ甲府戦でゴールを決め、第一子誕生を祝う「ゆりかごダンス」

2012年9月22日　ヴィッセル神戸戦

2013年9月14日　大分トリニータ戦

# ［第6章］挫折、そして鳥栖への移籍

## ＡＣＬ初挑戦、ワクワクと驚き

２０１２シーズンで優勝こそ逃したベガルタ仙台でしたが、ＡＣＬ（ＡＦＣアジアチャンピオンズリーグ）出場権を獲得しました。２０１３シーズンは国内のリーグ戦とカップ戦だけでなく、日本を飛び出してアジアを舞台に戦うことになるわけです。これまでよりもさらにタフになるし、「忙しくなるやろうな」と覚悟を決めていました。

さらには、ＡＣＬの初戦はＪ１の開幕よりも早いため、オフものんびりしてはいられません。早めに体を作って、頭も次のシーズンへと切り替える必要がありました。

ＡＣＬはアジアを舞台に戦うので、「移動が大変そうだ」という漠然としたイメージはありました。スケジュールもタイトになるので、コンディショニングも大変。ベガルタ仙台は初出場なので、スタッフやフロントの人たちも苦労したと思います。それでも、Ｊリーグとはまた違う環境で、Ｊリーグを代表して試合ができることは、選手としてはもちろん、クラブにとってもとても大きな経験になると思っていました。

初戦の相手は、タイのブリーラム・ユナイテッド。前年の親善試合で大ケガを追ってしまった因縁のチームです。ホームでの初戦は、寒さの厳しい2月のナイトゲーム。いつもと同じユアテックスタジアム仙台ですが、ＡＣＬのレギュレーションにより企業名などが表示できないことや、相手チームの応援がＪリーグのクラブでは見ないスタイルだったため、Ｊリーグの試合とは雰囲気が違っていました。そんな中でも、僕は楽しみでワクワクする気持ちのほうが強かったように思います。朝鮮代表以外では、初めての海外のクラブとの公式戦で、ベガルタ仙台の仲間たちと一緒にチャレンジできるんですから。

初戦のブリーラム戦では、先制点となるＰＫを決めました。クラブとしてＡＣＬでの初ゴールです。「これで止められたらしょうがない」というほどの、完ぺきなコースに蹴ることができました。試合は、追いつかれて１－１のドロー。

アウェイゲームは、中国・南京と韓国・ソウルでの試合でした。南京での江蘇舜天《こうそしゅんてん》（当時のチーム名）との試合は、選手からもスタジアムの雰囲気にも「日本のクラブには負けたくない。負けてはいけない」という気持ちがあふれていました。代表戦でこういった雰囲気になることは経験があったのですが、クラブチーム同士の対戦でもこれほどまでに想いをぶつけてくるんだと大きな驚きがありました。

初めて挑戦することばかりで、結果以上に多くの経験を積むことができた海外クラブとの対戦でした。

## タフな2013シーズンでの輝き

2013シーズンは、前シーズンから残ってくれた選手が多く、大きな補強もしていません。ほかのクラブに比べると選手数が少ない状態でシーズン開幕を迎えていたので、少し不安もありました。シーズンが始まると、想像していた以上にタフで、チームが総力を挙げて挑まねばならず、選手もスタッフも疲労困憊の状態が続きました。

リーグ戦の順位は中位で推移し、タイトルを狙うような戦いはできませんでした。そんな中で印象に残っているのは、第25節の大分トリニータとのホームゲームです。相手のサブメンバーには、のちにチームメイトとなるワカ（若狭大志）もいました。6－0で勝った試合で、僕もヘディングシュートで得点しています。大量得点となったのですが、その中の1点にヤナさん（柳沢敦）をアシストした得点があります。このアシストはキャリアの中でもベストを争うくらい、イメージ通りのパスが出せたプレーでした。ヤナさんの動きも予測通り、パスの軌道も想定通りで、すごく鮮やかに決まったんです。すべてがピタリとハマったあの快感は、今も記憶に残っています。

## チームメイトと子育て

大阪・堺のＪグリーンでの夏のキャンプのあと、９月に次男が誕生しました。

独身時代と家族や子どもができてからとでは、選手同士の会話も変わってくるんです。同年代で子どもが生まれた選手が増えてくると、クラブハウスでは自然と子育てに関する会話も増えてきます。苦労話をする選手もいれば、家庭での家事の分担のことを相談する選手もいる。新しいシーズンが始まるタイミングになると、移籍してきた選手たちに病院の情報を教えてあげたりすることも多くなります。

公式戦の日程間隔が空くと、クラブハウスでバーベキューパーティーをすることもよくありました。それぞれの家族も招いて、親交を深めます。ブラジル人選手たちはシュラスコ（ブラジルの肉料理）が大好きで率先して肉を焼いてくれますし、陽気な人も多いのでパーティーを盛り上げてくれていました。

とくに２０１３シーズンのころは、仲間意識が強くてコミュニケーションの場も多い、いいチームだった印象です。

## 誠さんへの花道

この秋にはベガルタ仙台というクラブにとっても大きな転機が訪れます。（手倉森）誠さんが23歳以下のサッカー日本代表の監督に就任することになり、リオデジャネイロ五輪を目指すためベガルタ仙台の監督を離れることになったのです。思い返すとこの少し前、「代表でチャレンジしてくるわ」とボソッと言っていました。僕がプロ入りしたときから常に一緒に戦ってきた存在で、誠さんがベガルタを離れることなんて想像ができなかったので、そのときには「冗談かな」と軽く受け流していました。

年代別とはいえ、代表監督というチャンスはそうそうあるものではありません。僕も「誠さんが指揮する代表チームはどうなるかな」と楽しみな気持ちが大きく、自分も負けずに選手としてがんばらなければと気持ちを新たにしました。

リーグ戦は結果として13位でしたが、天皇杯は勝ち残っていました。リーグで思うような結果が残せなかった分、天皇杯を獲って誠さんを送り出したい気持ちでチームは一丸となりました。その勢いもあってか、４回戦の清水エスパルス戦ではそれまでなかなか勝てなかったＩＡＩ日本平スタジアムで、僕がヘディングシュートを決めて勝利をもぎ取ります。

ユアテックスタジアム仙台での準々決勝では、ＦＣ東京と対戦。延長戦までもつれ込んだのですが、試合終了間際に失点してしまい無念の敗退となりました。

翌日のミーティングで、「自分も代表でチャレンジしてくるから、選手としてまだまだがんばれよ」と声をかけてくれた誠さんの決意に満ちた顔を今でも忘れません。

## 苦難の２０１４シーズン

誠さんの後を継いだのは、オーストラリアから来たグラハム・アーノルド監督でした。長くチームを率いた監督の後は難しいと僕たちも実感したし、本人も苦労しているようでした。あたりまえですがやり方も全く違うし、お互いの感覚のズレやギャップが大きい。僕たち選手も合わせようとしていましたが、なかなかうまくいきません。チーム作りを変えるときの大変さを身をもって経験した期間でした。

シーズンが始まって2カ月足らずで、4月のはじめにまた監督が交代することになりました。僕にとっては、プロになってから初めてのシーズン途中での監督交代。試合内容が悪く、結果もついてこない。監督だけが悪いわけではありませんが、選手にはフラストレーションが溜まっていました。後任として監督に就任したのは、渡邉晋さん。僕がプロ入りした2004年までベガルタ仙台でプレーしていて、引退後にはコーチングスタッフとなり指導を受けていました。

一度噛み合わなくなった歯車を元に戻すのは、本来なら多くの時間が必要です。ただシーズンもまもなく中盤、猶予はありません。僕たち選手は、必死にナベさん（渡邉監督）と共に戦いました。

監督交代直後の横浜F・マリノス戦ではなんとか勝つことができました。2010シーズンの残留争いでひとつ勝てばメンタルが上向くことを経験していた僕は、この勝利で希望が持てました。ナベさんも監督は初めての経験で、苦しい場面も多かったと思います。僕たちも少しでもサポートして勝利に結びつけられるように、もう一度チームがひとつになれる空気をみんなで作っていこうとしていました。

もがく中で、第11節の徳島ヴォルティス戦を1－0で勝利し、そこからチームは4連勝を達成します。「自分たちのやっていることを信じて、耐えて、我慢して、戦い続ける」というあの残留争いの時の気持ちを呼び起こして戦います。

残留争いはシーズン終盤まで混戦となりましたが、ホーム最終戦の第33節・徳島ヴォルティス戦で残留を決めました。キン（菅井直樹）が野沢（拓也）のヒールキックでのパスに合わせて鮮やかなゴールを決めての勝利です。

ここ数年リーグ戦で良い結果を残し、前年にはＡＣＬでもプレーしたチームが、降格することだけは避けたかった。苦労しかないシーズンでしたが、なんとか踏ん張って、辛抱強さやしぶとさを学んだシーズンでした。

## もうＰＫは蹴らない

４連勝のきっかけとなった徳島ヴォルティス戦ですが、僕には苦い思い出となっています。終盤に得たＰＫを蹴って、相手に止められたのです。プロ生活で初めての失敗でした。

もともとは、率先してＰＫを蹴りたいタイプではありませんでした。学生時代に外した経験があり、ＰＫにポジティブなイメージがなかったからです。それが、仙台に加入していつの間にかキッカーを任せられるようになりました。個人的には、ＰＫで点を取れば波に乗れることが多いので、ＦＷの選手に蹴ってほしいという気持ちがありました。初めてベガルタでＰＫを蹴ったきっかけは「蹴る選手がいなかった」という理由だったと思いますが、何度か任されるうちに「外すときが来るまでは蹴ることにしよう」と心に決めました。

徳島戦で止められた後、ＰＫを蹴るのはやめました。誰かに譲るわけではなく、チームのみんなに「もうオレは蹴らない」ということをはっきり伝えました。

あまり知られていないかもしれませんが、これ以降リーグ戦では、ＰＫは一度も蹴っていないんです。

## ヤナさんが去り、拓真が来たとき

２０１４シーズンを最後に、柳沢敦さんが現役引退を決めました。ヤナさんは２０１１シーズンから仙台に加わり、加入直後に東日本大震災で被災したり、大ケガで苦しんだりと苦労を重ねながらも、チームのために何ができるかを常に考えてくれていた人でした。鹿島アントラーズでは数多くのタイトルを手にし、日本代表や海外のクラブでも活躍したレジェンド。日本を代表する選手が、仙台で現役生活を締めくくることに決めたのです。

ヤナさんは「こういうベテランになりたい」と思わせてくれる人でした。練習中はあまり多くのことを語らないけれど、黙々と自分のやるべきことに取り組む姿がとてもかっこよかったんです。プライベートでは若手にもベテランにも分け隔てなく接してくれて、「トップまで行く人はこういう人なんだ」と教えてくれた存在です。

ヤナさんは、シーズン全日程終了後のＪＰＦＡ（日本プロサッカー選手会）のチャリティーサッカーに参加することを決めていたので、引退発表後も引き続き仙台の練習に参加してコンディション調整をしていました。この先の進路を聞いていなかった僕は、「仙台に残ってくださいよ」とお願いした記憶があります。「どうにか仙台に残ってほしい」と思うほど、頼りになる心のよりどころになるような先輩でした。

大ベテランが引退を決めた同じタイミングで、ヤナさんの出身校でもある富山第一高校から西村拓真がシーズン後の練習に参加するために仙台に来ました。一緒に練習する中で「高校生だし、まだまだ粗削りだな」と思っていたのですが、シュートがとてもうまかったんです。そのシュートセンスやゴールへの嗅覚が評価され、選手契約を勝ち取りチームメイトとなりました。

西村は２０１７シーズンにはルヴァンカップのニューヒーロー賞を取り、２０１８年にはロシアのクラブ・ＣＳＫＡモスクワに移籍します。若い選手の成長スピードに驚かされる一方で、彼がコツコツと地道な練習と努力を積み重ねていることを見ていたので、「こういう選手だからこそ上に行けるんだ」ということをあらためて学びました。積み上げがあるからこそ、ひとつのきっかけで自信が生まれて、すごいスピードで成長できるんです。

高校生で練習に参加していた選手が数年で世界に羽ばたいたことに、僕自信も感慨深いものがありました。

## 『初めまして』が増えたころから

新シーズン前のミーティングで「はじめまして」とあいさつする回数が、２０１５シーズンあたりからはだいぶ増えました。「自分が移籍してきたのかな」と錯覚するくらい選手の入れ替わりが多く、前シーズンとのギャップを毎年感じるようになります。

このタイミングで、ナベさんが３年を目安に中期的なプランでベガルタ仙台のスタイルを構築していくことになりました。いろいろなシステムを試していく中で、僕は新しいポジションへの適応に苦しんだりしながら、出番を減らすようになっていました。

２０１５シーズンは４－４－２とフォーメーションこそ馴染みのあるものでしたが、それまでのサイドハーフではなく、ボランチとしてプレーすることが増えました。ナベさんと話して、年齢も上になってきたので、運動量が増えるサイドではなく、パスを捌くボランチにトライしてみようということになったのです。ポジションとしてはルーキーの頃から何度か経験してきましたが、ナベさんの理想に近づけるとなると、これまでとはまた違ったプレースタイルにチャレンジしなければなりません。

プレーを磨いて連係が深まったとしても、成績がなかなか上向かずにもどかしい気持ちばかりが募ります。流れるようなパスワークからゴールを奪うような良いプレーがあっても、追いつかれたり逆転されたりと結果が伴わない。２０１１シーズンの４位、２０１２シーズンの2位を経験していることもあり、「もう一度あの順位で戦いたい」という気持ちが強くあって「どうしたら上位に行けるのか」と思い悩んだ時期でした。

結果がついてこないので、選手たちも今やっているサッカーになかなか確信が持てません。さらに、期限付き移籍の選手が多くなっていた時期で、シーズン後にはまたメンバーが変わり、一からのチーム作りが必要になります。

選手の出入りを少なくするには、生え抜きの選手を育てる必要があります。２０１５シーズンから２０１６シーズンにかけては新人選手も多く入り、ベガルタ仙台のアカデミーで育った選手がプロ入りするようになりました。２０１５シーズンには茂木駿佑（現・愛媛ＦＣ）、２０１６シーズンは佐々木匠（現・ヌグリ・スンビラン／マレーシア）と小島雅也（現・ツエーゲン金沢）が加入します。それまでにも奥埜博亮（現・セレッソ大阪）のように大学を経由して加わったアカデミー出身選手がいましたが、しばらくはそういう事例がなかった。彼らは、僕がプロになってからの試合を子どもの頃から見てきた世代です。匠はユースの頃からトップの練習にも参加していたし、「10番を着けたい」とずっと言っていました。やっと下部組織からトップチームに昇格する流れができてきて、彼らがベガルタ仙台でポジションを奪うことが、きっと強いチームへの近道になると信じていました。

## 新しい発見、通じ合う感覚

「いつも新しい発見があって、サッカーが楽しい」。この頃から、僕は練習や試合後のメディア向けコメントで、そう口にすることが増えたそうです。ベテランと言われる域に足を踏み入れる年齢になっても、できなかったことができるようになることが楽しみにつながっていました。ボランチをやると「このシチュエーションではこの位置取りをしないといけないのか」と発見があります。サイドでプレーしていたときは、そこまでバランスを意識することはなく攻撃的に前に出ることを考えていましたが、ボランチでは誰がどこでどういうパスを欲しがっているかを感じ取らないといけません。俯瞰で見て状況を見極める、ピッチ全体を把握する力が身についたように感じます。

コミュニケーションでは、自分から強く要求することは少なくなり、相手の意見をしっかり聞くようになりました。そんな中で、攻撃的なプレーヤーの野沢拓也は、言葉を交わさなくても望んでいるプレーが通じる存在でした。「このあたりにパスが出てくるかな」と思うとそのとおりにパスが出てくる。このあたりにパスを欲しがっていそうだなというところに蹴ると、ぴたりと合う。拓也は感覚でプレーするタイプで、その感覚が僕のものと似ていたんだと思います。練習でも「こういうところを見ているな」とか「ここにボールをセットしたらこういうところに蹴るよな」と思うと、そのとおりになるんです。そして何より、技術力が高い。だから質の高いボールがいつも出てくる。感覚が一緒の選手とプレーするのはこんなに楽しいのかと思えたし、ピッチ外でもずっとサッカーの話をしていました。

## 全力で挑んだチーム内競争

２０１７シーズン、チームは新たなフォーメーションにチャレンジすることになりました。４－４－２から３－４－２－１へ。僕は主にシャドーというポジションで出場することになり、それまでは状況を見て自分なりに自由に動くことができていたのが、細かな決め事の中で「ここに立っていてほしい」という位置取りをしっかり意識しないといけないようになりました。それがなかなか難しく、苦労することになります。

とはいえ、そのポジションの動きをモノにしなければ、台頭してきた若手選手に勝つことができません。試合に出るのは、先輩も後輩も、もちろん年齢も関係なく、競争あるのみです。「プレーで示すしかない」と、練習にもこれまで以上に気合が入りました。

このシーズンは、クラブ史上初めてＪリーグＹＢＣルヴァンカップでベスト４に進出します。カップ戦では、若手選手たちが出番を掴んで結果を出しました。チームにとって大きなプラスだし、それをきっかけにしてリーグ戦でも出番をもぎ取っていきます。「置いていかれないように」という危機感はどんどん強くなり、踏ん張りどころだと感じていました。

第14節・ヴァンフォーレ甲府戦では、2シーズンぶりのゴールを決めることができました。ホームのユアテックスタジアム仙台で、西村拓真のラストパスを受けてのシュートでした。「チャンスが来たならやるしかない」という気持ちで、常に準備していたからこそ、決められたゴールだと思っています。試合に対する飢えもありましたから、ゴール後にはめずらしく叫んでいました。

プレー時間が少なくなれば、その少ない出場時間で求められる以上の結果を残さないといけない。もしかしたら若手の頃よりも、全力で挑むようになっていたかもしれません。苦しくても、常に自分自身を奮い立たせていたし、その気持ちが途切れていたらもっと引退は早かったと思います。「サッカーを楽しむこと」と「踏ん張る気持ち」を持ち続けられたからこそ、20年の現役生活を全うできたと思います。

## 抗い、もがく

２０１８シーズンには、第11節・北海道コンサドーレ札幌戦で、Ｊ１・Ｊ２リーグ戦通算５００試合出場、第20節・ジュビロ磐田戦ではＪ１通算２５０試合出場を達成しました。ただ、試合数を目標にしているわけではなかったので、このときも積み重ねてきた数字を確認できたという程度です。「サッカーはピッチ上での結果がすべて」という気持ちが強く、「ベテラン」という周囲の目にも抗っていたような気がします。体力に任せてたくさんのタスクをこなすことは難しくなってきた分、「今はここは削ってここを中心にやっていこう」というように整理しながら、サッカーと向き合い始めていた時期かもしれません。

誰かに努力している背中を見せたいと思ったことはありません。自分のために努力することに精一杯でした。若い選手たちがその僕の姿をどう思っていたのかはわかりません。でも、最後までもがいて、やりきりたいという気持ちだけは強く持っていました。

年末には、ベガルタ仙台が初めて天皇杯の決勝戦に進出しました。久しぶりにクラブがタイトルに手をかけたのですが、かつてリーグ優勝を争った頃とは僕の状況はだいぶ変わっていました。ピッチに立つ回数がぐんと減っていたのです。結果は準優勝でしたが、その喜びよりも、ピッチに立てていなかった悔しさがとても強く心に刻まれました。

## 契約満了

２０１９シーズンは、開幕からチームはなかなか勝てず、序盤戦から残留争いに巻き込まれていました。そんなチーム状況にあっても、自分はなかなかチームに貢献できていなかったんです。ルヴァンカップのグループステージ第２節では、「どうにかこの状況を変えたい」という強い気持ちで、富田晋伍からのパスを受けて先制点を決めました。ホームのユアテックスタジアム仙台でのゴールで、「まだまだできるやん」という自信も持てたゴールだったんです。それでもリーグ戦には出番がなく、「選手としてこのまま終わってしまうのか」という思いもちらつき始めます。

最終的にチームはＪ１に残ることはできましたが、リーグ戦の出場数はプロになってから最少の13。シーズン終了後には、ベガルタ仙台との選手契約が満了することになりました。

それでも、プロ選手を辞める選択肢はこのときは全くありませんでした。まだまだ、体は動く。だから、カテゴリーにこだわらず、サッカーを続けたい。「ここで選手を辞めたら、一生後悔する」と思っていました。ベガルタ仙台からは、引退した場合のセカンドキャリアの提案ももらいましたが、「サッカーを続けたい」と即答しました。

## 新たな道にも縁を感じて

さて、ここからどうするか。進路を模索する中、年末にＪ１のサガン鳥栖から「来シーズンの編成を考えている中で、オファーを出すかもしれない。もう少しだけ待ってもらえますか」という連絡が入ったのです。そして、２０２０年1月3日に正式にオファーが届きました。「一週間後には始動するから、すぐに鳥栖に来てくれないか」と。

とてもうれしかったんです。「最後にここで出しきってから辞めよう」、そう思いました。当時の鳥栖は若い選手の多いチームだったこともあり、拾ってもらった以上は、期待に応えられるように自分の経験をすべて伝えたい。それから、「がむしゃらにサッカーを楽しもう」と決意しました。

監督は、幼い頃から知っている金明輝（キン・ミョンヒ）でした。監督が彼でなければ、この話はなかったかもしれません。同級生ながら彼は監督、僕は選手という立場。様々なタイミングや縁を感じながら「ミョンヒのためにもがんばろう」と強い気持ちがありました。

## 50番でのリスタート

背番号は50番に決めました。環境がガラッと変わるし、プロになって初めての移籍ということで、一新したかった。ルーキーの気持ちに立ち返ってがんばろうと、はじめはプロになって最初につけていた30番にしようと思っていたのですが、すでにほかの選手がつけていたので、当時Jリーグで決められていた、つけることが可能な最大の番号を選びました。

青い色の鳥栖のユニフォームはなんだか似合わない気がして、違和感というか、少し気恥ずかしい感じがありました。

環境が大きく変化したものの、意外にもすぐに慣れることができました。目に映る風景も、通る道も、すべてが新鮮で、ワクワクする感覚のほうが大きかったんです。キャンプが終わった頃に呼び寄せた家族も鳥栖を気に入ってくれましたし、いい出会いもたくさんありました。

鳥栖に加入してからは、ものすごく走りました。鳥栖は伝統的に運動量が求められるスタイルのサッカーをしていて、僕も若い選手と一緒になって走りこみました。若い選手と同じレベルでたくさん走れたことが、自分の心の支えにもなっていました。もう失うものがない立場なので、「ケガをしたらどうしよう」ではなく「ケガをしてもいい」という気持ちに変わりました。そういうメンタルになれたのが、のちのサッカー人生にとっても良かったと思います。体のキレも、35歳を超えていたこの時期が一番良かったように思います。

２０２０年2月16日、ルヴァンカップグループステージ第1節・北海道コンサドーレ札幌戦の83分に交代でピッチに入りました。初めての鳥栖のホームスタジアム、駅前不動産スタジアムのピッチです。２００４シーズンに仙台の選手としてＪリーガーデビューした場所で、今度は鳥栖の選手としてリスタートです。スタジアムではこれまでとは景色が違って見えて、ホームチーム側のロッカールームを使うのも初めてで、不思議な感覚でふわふわしていました。それでも、新しいチャレンジを前に気持ちが昂り始めていました。

## 声が消えたスタジアムで

ところが、「これから」というときに予想もしない事態が起こります。新型コロナウイルス感染症が世界的に流行して、Ｊリーグも開催できなくなってしまったのです。

自分の存在価値がなくなっていくような怖さに襲われました。サッカー選手としてずっとやってきて、ピッチに立ってきて、そこに存在価値を見出していたのに、感染症の拡大によってリーグは中断し、チームとしての活動も何もできない。家にいる時間が増えて、何をすればいいのかわからない。ただ時間が過ぎていって、「このまま、忘れられていくんじゃないか」という恐怖が襲ってきました。

この先に何ができるかが全く見えない日々でした。外に出ることもできなければ、人に触れてもいけない。では、どうやって生活するのか。解決する確実な方法も誰もわからないし、何が正しいかもわからない。じっとすることしかできなくて、ストレスばかりが溜まっていきます。

それだけに、チーム活動やリーグ戦が再開されると決まったときの喜びはひとしおでした。僕だけでなく、Jリーガーみんなが感じていたと思います。

再開当初は、無観客のリモートマッチ。しかたがないと受け止めつつ、サッカーができるようになった現実を喜んでいました。制限をしつつ徐々に観客が入れるようになり、拍手での応援ができるようになり、と、少しずつJリーグが元の姿を取り戻していくことで、前に進んでいることを実感していきます。

11月8日、延期されていた第11節が開催されることになりました。場所はユアテックスタジアム仙台、相手はベガルタ仙台です。仙台空港からホテルまで向かう道に懐かしさを感じて、(富田)晋伍たちと対戦相手として会うことも楽しみにしていました。試合前日には「めちゃめちゃブーイングされるんやろな」と、武者震いのような、なんとも言えない気持ちにもなりました。シーズンの中でも一番楽しみにしていた試合でしたから。

アウェイ側のロッカールームを使うのも初めての経験。僕がベガルタにいた頃の選手やスタッフ、フロントの人たちも出迎えてくれたけど、僕は相手チームの選手。みんなに今の自分の姿をちゃんと見せるためにも「勝つことが恩返しだ」と気を引き締め直しました。

試合前にスタジアムに入っていたトレーナーが「〝リャンダンス〟の音声が流れていましたよ」と教えてくれました。そして選手紹介では、スタジアムＤＪのＭｉＣさんが、かつてホームの選手としてコールしてくれていたときと同じテンションで、アウェイチームの僕の名前を呼んでくれたんです。

僕は79分から出場して、３－０で鳥栖が勝利。試合後には、鳥栖の監督やスタッフに了解を得て、ベガルタ仙台サポーターのいるスタンドの方へ向かいました。急に移籍先が決まり、バタバタと仙台を離れてしまっていたので、遅ればせながら移籍を報告するために、スタンドの前でファンやサポーターにあいさつさせてもらいました。

## 鳥栖での濃密な日々

サガン鳥栖のサッカーは、とても細かく、複雑なスタイルでした。ミョンヒ監督は徹底して細かい約束事を選手に植え付けるタイプで、僕もこれまで経験したことがなかったスタイルでした。「ここまで求めるのか」と驚くほど、緻密にチームを組み立てていきます。それはしっかりと成績に結びつき、僕が鳥栖にいた2シーズンの間、チームは良い成績を残していました。「これくらい徹底するサッカーもあるんだ」と、サッカー感が変わるような経験でした。

若くて良い選手がたくさんいて、僕自身もこれまでの経験を伝えながら、一緒にやれる楽しさも感じていました。どんどんプロとして成長していく彼らを見て刺激になったし、若手を育てるという勉強にもなりました。

のちにベガルタ仙台でも一緒になる相良竜之介は、当時から技術はいいものを持っていたけど、まだ若くて甘さが目立つ選手でした。それでも、ドリブルがとてもうまくて、出身地にちなんで「武雄のネイマール」と呼ばれるほどの注目株でした。まさか仙台でまた一緒になるとそのときには想像もしていませんでしたが、「見どころのある選手だな」と思っていました。

鳥栖在籍時で印象に残っている試合は2020年7月12日のJ1第4節。ホームでのサンフレッチェ広島戦です。久しぶりに先発出場した試合だったのですが、相手のGKが林卓人だったんです。同世代のかつてのチームメイトが守るゴールに攻めるのは気持ちが乗ったし、鳥栖にきてやっと自分らしいプレーが出せた感触があった試合だった。次につながるモチベーションにできた試合だったんです。

試合以外でも、クラブに関わる活動をいろいろとさせてもらいました。シーズン終了後にスポンサーのみなさんを訪問するのも、これまではあまり経験してこなかったことでした。選手が数人ずつのグループに分かれて、クラブの担当者と一緒に一日4、5カ所ずつ3日間ほど回ります。スポンサー企業に直接出向いて「1年間ありがとうございました」とあいさつすると、すごく喜んでもらえるんです。当時はそういう機会が仙台ではあまりなかったので、とても新鮮でした。

僕のイメージでは、仙台の人は親しくなるまで少し時間がかかるけど、鳥栖の人たちはすぐに打ち解けます。初めからウェルカムな姿勢なんです。反対に仙台の人は、一度仲良くなったらすごく深い付き合いになって親身になって接してくれます。

鳥栖での2年間は、濃密な日々でした。仙台を契約満了になったときに辞めなくてよかったと強く思えた期間でした。

2020シーズンから2年間の
サガン鳥栖での濃密な日々

## 負けず嫌い、再び仙台へ

結果として僕は、ベガルタ仙台に再び戻ることを決断しました。

鳥栖で2シーズンの間プレーして選手契約年も区切りを迎え、「やりきった」という気持ちが湧いていました。すでに40歳になっていて、鳥栖から引退後についての提案をもらっていました。家族も鳥栖が気に入っていたし、「このままここで選手を辞めて、指導者の道に進むか」と、引退に気持ちが傾くこともありました。

でも、やっぱり僕は負けず嫌いなんです。サッカーではとにかく負けたくなかったし、もっとうまくなりたかった。歳をとったことで「梁はここまでだろう」という声を耳にしたら、「ふざけるな」という気持ちがまだ自分の中にはあったんです。「その気持ちをプレーに込めよう」「まだ成長できるはずだ」と、そう決意しました。

そこに、ベガルタ仙台からオファーが届きました。僕自身も全く想像すらしていなかったし、クラブに近いメディアですら誰も予想していなかった移籍です。

ただ、アウェイ戦のときにあいさつをしにいった仙台のロッカールームの雰囲気が、ずっと心に引っかかっていたんです。「やっぱり、自分のホームは仙台かもしれない」、そんな気持ちが心のどこかにずっとあったようにも感じます。鳥栖という遠く離れた場所からも、ベガルタ仙台のチーム状況や試合結果は気になっていました。そして、仙台がＪ２に降格することになったことも引き金になったのかもしれません。

オファーを受けてからも、しばらく考えました。２０２２シーズンは引き続き原崎政人監督が続投するということで、原崎さんにも直接「本当に、僕でいいんですか」と確認しました。

悩んだ末に、「少しでもベガルタ仙台の力になりたい」と移籍を決めました。

鳥栖に移籍したときには、「がむしゃらにがんばって、出場機会を掴むぞ」という気持ちでしたが、今回はどちらかというと自分自身のことよりもチームを立て直したいという意識が強かったんです。

３年ぶりに戻ってきたチームは、自分の知るベガルタ仙台とは雰囲気が違っていました。「降格したチームは大変だ」というのが率直な感想です。ただ、仙台での経験に頼るのではなく、若手と一緒になって自分を磨いた鳥栖での経験を、今度は仙台に還元したいと思ったんです。

ベガルタ仙台での背番号は、鳥栖と同じ50番を希望したんです。でも同じ新加入の遠藤康が選んでいたこともあり、クラブからは10番を打診されました。でも、また10番を背負うことになったら、それこそこのクラブが前に進んでいないような印象を与えてしまうのではないかと躊躇していました。それでも、クラブ側は熱心にこれからのビジョンを話してくれて、僕が10番を背負う意味も説明してくれたので、最終的には再び10番を背負う覚悟を決めました。

そして僕は、ベガルタ仙台で初めてとなる新加入選手記者会見に臨むことになりました。2004年にプロ契約を結んだときは開幕直前のタイミングで、記者会見には間に合わなかったため、これが仙台では初めての加入会見です。会場にいる報道陣にも知っている顔も多く、サポーターのみなさんへもどういうあいさつがいいのか悩みました。

いよいよ、仙台での再挑戦が始まることになります。

サガン鳥栖の選手として、
ベガルタ仙台サポーターの
待つユアテックスタジアム
仙台のスタンドへ

# ［第7章］仙台への帰還

## 迷いの2022シーズン

2022シーズンのベガルタ仙台のミッションは明確でした。〝J1復帰〟です。さらに、このシーズンのキャプテンを任され、まずはチームが波に乗れるように序盤戦から勝ちを積み上げたいと、強い気持ちをもって臨みました。

J2リーグは、僕たちがJ1昇格を目指して戦っていた2009シーズン頃とは、全くの別物に感じました。実力が拮抗していて、チームごとに個性があり、対戦相手の良さを消そうとする戦術を徹底して実行してきます。

そうしたチームに勝たなければいけないのに、シーズン前のキャンプは、鳥栖でやっていた2年間に比べて物足りなさや「緩さ」を感じていたんです。原崎政人監督とも、普段の練習からみんなでしっかり「厳しさ」を意識してやっていきましょう、と何度も話しました。もっとチーム全体に危機感を持ってもらいたかったんです。

ベガルタ仙台での再デビューは、アルビレックス新潟とのJ2開幕戦。先発出場となりました。試合を振り返ると、自分たちの意図していたことが全く出せませんでした。細かくパスをつないでくる新潟のスタイルに、僕たちは太刀打ちできなかった。キャンプで準備してきたものを機能させることができず、不完全燃焼でした。

それでも、４月から５月にかけては好調で、一時は首位にも立っています。チーム状態も上がってきてはいたのですが、「果たしてこのままいけるか」と自信は持てずにいました。チームとしてなんとなく守って、なんとなく点を取って勝ってしまったような試合が多いと感じていたのです。負け始めると立て直せなくなるのではないか、そういう不安がつきまとっていました。

Ｊ１から降格してきたばかりで、序盤戦は相手チームには僕らに対するリスペクトが過剰にあったのかなとも感じています。前からプレッシャーをかけにくるのではなく、引いて守ってくるチームが多くて、試合中のビルドアップも夏場までは苦労しませんでした。ところが、シーズンも中盤にさしかかり、相手に的確な対策をとられるようになると、攻撃を組み立てることが難しくなる場面が増えました。そして、少しずつチームの歯車は狂い始めました。

キャプテンとしては、選手同士のミーティングの数を増やそうかとも考えました。ただ、普段と違うことをやって、選手たちに「うまくいってない」というネガティブな考えが蔓延するのも良くない。僕は「目の前の試合をしっかり勝っていこう。そうすればチームは上向く」と、これまで何度も経験してきたことをみんなに伝え続けました。みんな苦しみながらもがいている時期ではありましたが、それでもベストを尽くしてくれていたと思います。

それでもなかなか流れは変わらず、9月6日には原崎監督が解任されることになりました。クラブとしても悩んだとは思いますが、選手としてもこのタイミングでの監督交代は正直難しいものがありました。それでも、すぐに試合はやってくるし、切り替えるしかありません。

そして、9月14日のJ2第36節・栃木SC戦で、チームは6試合ぶりに勝利を手にします。伊藤彰監督に交代してから、初めての勝利。ここでひとつの結果を出せたことは僕としてもチームとしても大きかったし、すごくほっとしたのを覚えています。勝てなくて苦しい時期を過ごしたからこそ、勝つことの大変さを再確認した試合でした。

新型コロナの影響で一部の観客席に制限されてはいるものの、声を出しての応援もできるようになってきました。ホーム最終戦となった第41節・ロアッソ熊本戦では、1－1で迎えた後半アディショナルタイムに、CKからフォギーニョが決めて劇的な勝利。スタンドからもわっと歓声が沸き起こり、久しぶりにユアテックスタジアム仙台らしい雰囲気を味わえました。チームが苦しい状況だったからこそ、サポーターの声援がすごく心強かったんです。

シーズン最終節の第42節・ブラウブリッツ秋田戦を0－0で終え、あと1点が足りず、ベガルタ仙台はJ1昇格プレーオフ参入の権利を得る6位以内に入ることができませんでした。この試合でもチャンスはあったのにゴールを決めきれず、結果的にはシーズンを物語るような試合内容で幕を閉じることになってしまいました。

## ベガルタ仙台のためにできることは

僕がベガルタ仙台に戻るということに、「いまさら取ってどうするんだ」などいろいろな声はあったと思います。それでも、いろいろなご縁がつながって、まずはこのチームを良くすること、そしてJ1に昇格させることをミッションとして与えられて、自分で決断したことなので、悪い声は気にしていませんでした。結果で示していくしかない、と。

だからこそ、プレーオフ出場圏にも届かなかったことは僕にとって大きなショックで、不甲斐なさと悔しさがしばらく消えませんでした。「あのときにもっとこうしておけば」という後悔が、次々と浮かんできます。

そして、ネガティブなことが続いて元気のないベガルタ仙台を見るのがとても辛くて、なんとしてもチームの状態を上向かせたかった。かつてのように「全試合に出たい」という個人的な目標より、「ベガルタ仙台のために何ができるか」を一番に考えていました。

ベガルタ仙台に戻ってきて、2年の間に選手の多くが入れ替わっているのを見て、選手たちにはこのクラブにどれくらい愛着があるのか、このクラブで上に行きたいという気持ちがどれほどあるのかも気になっていました。実際のところ、そこまで強く考えられなかった選手も少なからずいたとは思います。そういったギャップも感じていました。

## 富田晋伍の引退

前シーズンの不甲斐なさから「引き際か」とも考えたり、「でも、このまま終わるのは悔しい」と思い悩んでいたりした時期で、クラブにもすぐには「来年もやります」と返答できていなかったときでした。

チームメイトの富田晋伍から「引退します」と話をされたんです。そんな素振りを感じていなかったので驚きましたが、僕から「まだやれるよ」と言うのは無責任な気がして、「お疲れさま」と声をかけました。18年間ベガルタ仙台一筋で過ごした選手生活の幕を閉じるのは、簡単な決断ではなかったと思います。それだけ長い間このチームに貢献してきた彼こそ、僕にとってはベガルタ仙台のレジェンドです。

2015シーズンに、晋伍はサッカー人生で初めてだというキャプテンに就任しました。

当時、アドバイスというほどではありませんが、「キャプテンは絶対にやったほうがいい」と言ったことを覚えています。僕もキャプテンを経験して、しんどいこともあったけど大きく成長できて、やってよかったという想いが強かったからです。晋伍の成長に期待したし、彼もベテランとなりつつあったタイミングだったので、その後のキャリアを考えてもやるべきだと後押ししました。

キャプテンになれば、プレーでの責任が増すことはもちろん、人前で話すことも増えます。彼は積極的にメディアに話すタイプではなかったので、きっと苦労もあったと思います。ただ、そういった経験も含めて、現在クラブコミュニケーターという役職でがんばる彼を見ていると、いい影響を与えたように感じています。

## 『ここまでか』と感じたとき

Ｊリーグには自クラブの育成カテゴリで育った選手たちを特定の人数以上保有しなければならないという規定があり、２０２３シーズン前にはこのホームグロウンの選手が増えました。このシーズンは４人の選手がこれに該当します。２０１９シーズンからベガルタ仙台アカデミー育ちの小畑裕馬が高卒で加入していましたが、２０２３シーズンからはジュニアユースまでプレーしていた郷家友太がヴィッセル神戸から完全移籍加入。ユース出身の菅原龍之助と工藤蒼生が大学を経て、ベガルタ仙台に入りました。

僕がJ1で優勝争いをしていたときには彼らはまだ小学生で、ユアテックスタジアム仙台で応援してくれていた世代です。「小さい頃に見ていました」と言われると、「そういう年齢になったのか」と実感しましたが、プロになって仙台に来てくれて同じピッチに立つというのは、長くこの仕事を続けてきた証明のようにも感じました。

若手も多く迎え、期待感とともに始まった2023シーズンでしたが、J2優勝という目標とは裏腹に、厳しい結果になりました。

実はキャンプの時点で「どうなるのか」という不安が大きかったんです。チームが思うように仕上がらず、練習試合を重ねてもあまり手応えを得られずに、「難しいスタートになるかも」と感じていました。そんな心持ちのまま開幕は迎えられないのでベテランの選手たちとも話し合いましたが、思うようにはいきません。

僕自身も、出番を掴むまで時間がかかりました。それでも焦らずに、後悔だけはしないようにベストを尽くして一日一日準備を重ねていました。

4月29日のJ2第12節・大分トリニータ戦で、このシーズンで初めてのメンバー入りとなりました。試合前のウォーミングアップのときのメンバー発表では、約4年ぶりの〝リャンダンス〟も見ることができて、とてもうれしかったのを覚えています。これまでは新型コロナの影響で隣の人と肩を組んでの応援が禁止されていたのですが、このシーズンからは解禁されていたんです。68分に相良竜之介と交代でピッチに入ったときには、若手選手が多く出場している試合の中でチームを落ち着かせることを最優先にプレーを続けました。

リャンダンスが戻ってきて、試合にも出られた。この盛り上がりに乗っかって、自分たちも上を目指すぞと思っていました。しかしその思いに反して、なかなか結果を出すことができず、リーグ戦でチームはしばらく勝つことができなくなりました。

そんな状況でも、天皇杯では気持ちのこもった試合を見せられていました。7月12日に天皇杯3回戦が名古屋で開催され、先発出場しました。相手は、当時Ｊ１で上位につけていた名古屋グランパス。久しぶりにＪ１チームを相手に試合ができることも楽しみでした。この試合に出た選手たちは、「この試合をきっかけに流れを変える」「この試合でポジションを奪う」という強い気持ちが感じられました。みんながファイトしていて試合内容もよかったし、チームとしてやりたいことも出せた。ベテランも若手も、勝つために一つの方向に進む一体感が感じられたんです。途中出場の菅原（龍之助）が同点ゴールを決めたことで、「流れが変わるんじゃないか」という期待も持てました。試合はＰＫ戦で敗れたものの、シーズンで一番いい内容だと思える試合でした。

ところが、この翌日に監督交代が発表されたんです。前日の天皇杯でシーズンの流れが変わりそうだと思っていたので、驚きました。次のリーグ戦第26節・ツエーゲン金沢戦までは中3日。立て直す時間も作れません。

ずるずるとリーグ戦で勝てない流れが続きました。チームがもがく中で、第29節・ジュビロ磐田戦で、また僕に先発出場の機会が巡ってきました。アウェイで、しかも昇格候補と対戦する難しい状況でしたが、僕としては「スタメンで出られるとしたら、この試合しかないはず」と予想していたタイミングでした。ここでチームを勝たせてこそ、ベテランの僕には価値がある。ベガルタ仙台では初めて務める中盤の底のアンカーでの先発となりましたが、このポジションはサガン鳥栖で経験していたので不安はありません。

しかし、結果は1－4の大敗。

この結果を突きつけられ、「自分のプロキャリアも、ここまでか」という気持ちが大きくなりました。苦しいときにチームを助けることができなかった。ベテランとして求められることに、もう応えられないということです。

## 最後のフリーキック

最終第42節、すでにＪ２優勝を決めていたＦＣ町田ゼルビアと戦うユアテックスタジアム仙台での試合で、ジュビロ磐田戦以来のベンチ入りが決まりました。

何をすべきか、何ができるのか。迷いはありましたが、「最後くらいは勝ちたい」と割り切りました。

僕に出番が来たのは、89分のこと。相手に突き放され、１－３になった直後に鎌田大夢に代わってピッチに入りました。「残り時間は短いけれど、楽しもう」。もしかしたらこれが最後のプレーになるかもしれないと思っていました。

ピッチに立っていた時間は、あっという間でした。最後に、相手ゴール近くで味方がフリーキックを獲得します。自然と、「自分が蹴りたい」と志願しました。

ボールをセットし、短い助走から足を振りぬきます。

思い描いていた軌道よりボールは低く、相手に跳ね返されました。

たとえ短い時間でも結果を残したい、残さないといけないという信念を持って続けてきたプロ生活。とても悔しいフリーキックとなりました。

試合終了のホイッスルを聞いたときには、複雑な心境でした。「どうしたらいいのか」とずっと悩み続けたシーズンで、チーム作りの難しさも思い知らされました。

ホーム最終戦のセレモニー後に、サポーターがいるスタンドの前を回ります。僕は申し訳ない気持ちでいっぱいでした。前シーズンは昇格プレーオフにあと少しで届かず、「今年こそは」と思って挑んだ２０２３シーズンも惨敗。

チームを立て直す力にならないといけないと挑んだシーズンだったからこそ、何も言い訳はできないと力不足を痛感したシーズンとなりました。

2023年11月12日 町田ゼルビア戦

木下グループ
KINOSHITA GROUP
10
RYANG

2023年11月12日 町田ゼルビア戦でのプロ生活最後のフリーキック

## ひとつの道の終わり

２０２３シーズンが終わり、家族とゆっくり話す機会を作りました。その場で、「今年で辞める」という決断を伝えました。子どもたちは「冗談でしょう」「なんで辞めるの」と様々な反応でしたが、「今年で辞めるよ」と自分にも言い聞かせるように話しました。

誰にも相談はしていません。自分で決めたあとに妻に伝え、次に子どもたちに伝えました。その後、両親や兄弟へ。両親からは「ようやったな」とねぎらいの言葉をもらいました。

それから、高校や大学で共にサッカーをしてきた仲間たちに伝えました。「これだけ長くプロ選手を続けてくれて、うれしかったよ」と言葉をかけてくれた仲間もいました。ほとんどが僕より先にサッカーを辞めていたので、「やりたくても続けられずに辞めていたから、いつも期待して見ていたんだよ」と明かしてくれた仲間もいました。「ここまで楽しませてくれてありがとう」という言葉をたくさんもらいました。

同じタイミングで、かつてのチームメイト・林卓人もサンフレッチェ広島で現役を引退しました。引退の連絡は、卓人のほうが先で、「今年で辞めます」と伝えられ、「お疲れさま」と。しばらくしてから「こっちも、今年で辞めるよ」と連絡を入れ「お互いがんばろう。年末には、飲みながらゆっくり話したいね」と話しました。

ベガルタ仙台の強化部に引退を伝えると、あいさつの場を作ってもらえることになりました。12月18日付で引退のプレスリリースが各メディアに出され、23日にはベガルタ仙台本社で引退記者会見が開かれました。会見という場は照れくさく感じたのですが、サガン鳥栖に移籍したときに誰にも伝えられなかった後悔もあり、今度はしっかり自分の言葉で伝える場所が欲しかったんです。

その日の夕方には、泉中央駅前広場でサポーターにあいさつをする機会も設けてもらいました。年末の忙しい中で急な呼びかけにもかかわらず、たくさんのサポーターが集まってくれました。かつて共に戦ったチームメイトも駆けつけてくれて、今はベガルタ仙台の強化部に入ったキン（菅井直樹）もいれば、クラブコミュニケーターになった（富田）晋伍も、アカデミースタッフの永井篤志さんや差波優人も来てくれました。驚いたことに、レノファ山口にいるはずの関憲太郎もそこにいたんです。「なんでおるん？」と思わず声が出てしまうほどのサプライズでした。

あの日に、あのような場を準備してもらったことに感謝してもしきれません。イベント中に涙を流している司会の村林いづみさんを見ながら、「晋伍も引退会見ではすごく泣いていたし、自然と涙があふれるのかな」と思っていましたが、僕は涙を流しませんでした。

この日までにいろいろな人に引退を報告して、様々な言葉をかけてもらって、自分自身でも「十分やったよ」という充実感が湧いていたのかもしれません。イベントに足を運んでくれた人たちの顔を見ながら、「ああ、もうすっきりしているやん」と実感していました。

## 引退後の日々

現役を引退したことを実感したのは、２０２４年の正月です。地元の大阪にいたんですが、たくさんの知り合いから「長い間おつかれさん」と、連日食事に誘ってもらっていました。いくら食べても「明日のトレーニング」を考えなくてもいいという経験は初めてです。とはいえ、例年であればキャンプインに向けて走ったり、体を動かしている時期。意思とは反対に、体が「動かなくて大丈夫？」と言っているような気がしてすごく落ち着かない毎日でした。

ベガルタ仙台とも連絡を取り合っていましたが、今後のことは少しゆっくりしながら考えたいと伝えていました。そうは言いながらも家族に心配されるくらいダラダラした日々で、サッカーのほかに自分は何もしたいことがないのかもしれないと思い知らされるような時間でしたし、何をしたらいいのかわからない状態でした。

引退直後は体がだんだんなまっていくような感覚が気持ち悪かったのに、しばらくすると、だんだん「動くのがしんどいな」と思ってきてしまいます。これはさすがにマズいと、週に何度かは体を動かすようにしました。同世代の仲間はもうお腹が出ている人も多く、「近い将来こうなってしまうのか」という危機感と闘いながら。

小学生からサッカー中心の生活をしてきてあたりまえに思っていたことも、現役時代は一般の人から見たらいかにストイックな生活をしていたのか実感しました。裏を返せばそれがプロスポーツ選手だし、あたりまえにできていたからこそ現役でいられたということでもあります。

家族との時間を大事にしながら、いろいろな場所に行く機会も増えましたし、新しい出会いを大切にしながら、バランスを取って過ごしていきたいと考えていました。これまでは関わることがなかったジャンルの人たちとも出会う機会が少しずつ増えて、話をするだけでもすごく刺激に感じられ、視野が広がっていくことを楽しんでいました。

## 新たな道へ

のんびりとした日々を過ごす僕のもとに、ベガルタ仙台からクラブコーディネーターという役職への就任の話がありました。選手としての契約が２０２４年１月31日まで残っており、明確な打診が1月下旬。2月1日から就任してもらいたいという要請でした。

迷いはありましたが、ベガルタ仙台へこれからも恩返しをしていくためにも、この仕事を請けることにしました。クラブ側がいろいろ考えてくれたうえで、トップチームの現場にも、フロント業務の現場にも、クラブの外の人たちとの現場にも、すべてに関われるポジションを用意してくれたんです。サッカーに関わりながら、サッカー以外の仕事や現場も見たいという気持ちがあったので、理想の仕事でした。

クラブコーディネーターとしての初仕事は、ベガルタ仙台サッカースクールの視察と指導でした。同じタイミングで現役を引退した若狭（大志）がベガルタ仙台のスクールコーチに就任したので、一緒に子どもたちと触れ合いながらボールを追いかけました。

また別の日には、（富田）晋伍と一緒に七ヶ宿町のイベントに参加しました。これに限らず、宮城県内の自治体を訪問してベガルタ仙台をもっと知ってもらう活動がたくさんあります。そして、ホームゲーム当日にはユアテックスタジアム仙台のあちこちに顔を出しながら、ファンやサポーターとも交流しています。

ユアスタの中でも、現役選手の頃は行ったことのないエリアにも行けるようになって、新しい発見もあるんです。とくに多彩なスタジアムグルメを提供している〝ベガフーズ〟のお店を回る機会はなかったので、どんなお店があるのか興味津々でした。クラブコーディネーター就任後初めてのホームゲームから、自分で希望してスタジアム内を回らせてもらったんですが、出店しているみなさんも喜んでくれるんです。それがうれしくて、試合開始時間ギリギリまで、いろんな場所に行くようになりました。

「サポーターが多く来場するのはこのくらいの時間だ」というのも、ある程度把握できるようになってきました。クラブ公式の映像企画「広報カメラ」の一環で、サポーターに試合前の気持ちをインタビューすることもあるんです。「サポーターに楽しんでもらいたい」と思いながら、積極的にコミュニケーションをとっています。キャプテンをやっていたころに鍛えられたことが、人に話を聞く場面では役立っていると思います。僕にインタビューされたことがきっかけで、「またスタジアムに足を運びたい」と思ってもらえたらうれしいし、一人でも多くの人にホームゲームに来てもらうことが僕の仕事ですから。

中には「今日が初めてのスタジアム観戦なんです」という人もいます。そういう人に会えたときには、心の中で「選手のみんな、今日は勝ってくれよ」と思いながらインタビューしています。勝利の興奮や爽快感を味わえればまた来たくなると思うんです。大盛り上がりのスタジアムを、多くの人に生で体験してほしいんです。

## インタビューを〝する〟側に

テレビ中継や「広報カメラ」で、試合後の選手インタビューをすることもあります。これが、一番難しい仕事かもしれません。自分が現役時代にされて嫌だった質問などをなるべくしないようにとは考えるんですが、選手の気持ちになりすぎると聞かないといけないことも聞けなくなってしまう。とくに負けた試合のあとは、気を使います。選手の機嫌が良いわけはないし、「あの場面を振り返ってみてどうですか」という質問も、ゴールを決めたならまだしも、失点のシーンなんて思い返したくもないのが本音でしょう。「ピッチの外からならなんでも言えるだろ」というのが選手の本音だと思います。ただ、選手の印象にも関わることなので聞き方に気を使いながら、なるべく良いコメントを引き出そうと心がけています。

20代はツンツンしている選手も多いんです。本人も機嫌が悪いことは自覚していても、なかなかコントロールできなかったりもする。試合後に落ち着いて話すことができるようになったのは、僕もベテランになってからでした。負けたら、若手選手がコメントをせずに帰ってしまう気持ちもわかります。

反対に、勝ったあとはアドレナリン全開で、ハイテンションのままコメントしている選手もいるし、落ち着いたトーンで「まだまだです。次、がんばります」と話す選手もいます。普段から選手を観察しながら、キャラクターを見抜いておかないといけません。

負けた試合のあとは、一緒に担当している晋伍と「今日はどっちが聞く番だっけ」と顔を見合わせることもしばしば。プロのインタビュアーは本当にすごいなと、引退してから改めて実感した現場です。

## 新たな縁、新たな視点

普段サッカーとは直接関わりのない企業のみなさんとお会いする機会も楽しみです。いろいろな分野の人と縁ができることで、自分の視野も広がるという期待があります。もしかしたら、将来は会社員や職人になっているかもしれない。これまではほぼサッカーだけの人生でしたから、発見の多い毎日です。

宮城県内の企業を訪問すると、「現役時代に見ていたよ」と声をかけてもらう機会もあります。選手ではないポジションですが、そういう人たちとつながりを作って、サッカーに還元できたら理想的です。

いろいろな企業の人たちと話をしていると、サッカーと業務内容に共通点があることもあります。様々な仕事もチームで行うことが多いし、そのメンバーの中で様々な役割があって、みんなで結果を出すように努力している。サッカーチームと似たような構造が至るところにあります。

これからしばらくは、いろいろなことにチャレンジしたい。今まで関わってこなかった世界を見たい。いろいろと見て回って、最終的にサッカーとつなげたいんです

これまで、サッカーを通して生まれた縁は数えられません。それこそ、サッカーをやっていなかったら仙台に来ることもなかったでしょう。たくさんのサッカー関係者とも出会いました。サッカーに恩返しがしたいという気持ちで今は働いています。

僕の子どもたちにも、人との縁の大切さは教えていきたいんです。縁に恵まれる人はいい人生を歩んでいけるというのを身をもって感じてきました。子どもたちにもそういう人生を歩んでほしい。

ひとりでいても楽しくないし、人と関わって何かをしているときは楽しさを生むことができます。元気が出ます。それはサッカーというチームスポーツを通じて学んだことです。みんなで何かを成し遂げる、目標を達成するときの喜びは、ひとりよりも大きい。みんなの気持ちをひとつにすることは大変だけれど、だからこそ、達成できたときの喜びはとても大きいんです。

## ストイコビッチとイニエスタ

20年のプロサッカー人生で、たくさんの夢を叶えることができました。憧れの存在だった選手たちと同じ場所に立てたことも、サッカーがつないでくれた縁のひとつです。

１９９０年W杯を録画したビデオで、子どもの頃に何度もプレーを見返していたドラガン・ストイコビッチ選手。うまくなれるようにとサッカーボールを埋め尽くすくらい「ストイコビッチ」と書いて、毎日そのボールを蹴っていたほど憧れていた選手です。僕がＪリーガーになったときは、名古屋グランパスの監督になっていました。

２０１０シーズンには、Ｊ１での名古屋グランパス戦が実現。相手ベンチにはストイコビッチ監督がいて、「〝梁って誰やねん〟というほどの存在だとしても、憧れの人の目に留まるような活躍を見せたい」といつも以上に意気込んで、ゴールを決めました。

２０１１年3月のチャリティーマッチでは、僕のチームの監督としてストイコビッチさんと再会します。東日本大震災直後でサッカーをすることに迷いもあった中で、憧れの人と一緒にピッチに立てる機会に勇気づけられ、僕自身がサッカーでみんなを元気づけようという気持ちを強く持つための後押しになったように感じます。

そしてもう一人の憧れの選手が、アンドレス・イニエスタ選手。僕も現地で見ることになった２０１０年のＷ杯で優勝したスペイン代表のメンバーで、決勝戦で勝ち越しゴールを決めたスターです。背はそんなに高くないけれどもテクニックを極めた選手で、僕のプレースタイルの理想像ともいえます。初めて対戦したのは、２０１９シーズンのホーム・ヴィッセル神戸戦。その日は試合中でもつい目で追いかけてしまうほど興奮していて、僕とイニエスタ選手が一緒に写っているプレー写真を試合後にスタッフに頼んで送ってもらいました。ユニフォーム交換も狙っていたんですが、たしか西村拓真に先を越されてしまったんです。長男の名前も彼にあやかって名付けたほどで、神戸で一緒にプレーしていた郷家友太がベガルタ仙台に戻ってきたときには、思わず「イニエスタのサインはもらえないの？」と、尋ねてしまったほど。

ふたりのようなスーパースターと同じピッチにいられたことは、プロサッカー選手になれたからこそ叶った、思い出に残る体験でした。

## テレビで見ていた選手たちとの対戦

思い返せば、対戦相手としてワクワクした選手たちは、プロになる前から少なからず憧れてきた選手たちでした。

日本代表でも長い間中心となっていた中村俊輔さんや中澤佑二さんとＪリーグの場で戦うときは、「学生の頃にテレビで見ていた選手だ」と感慨深く思ったのを覚えています。対戦相手なのに、みんなが見入ってしまうような存在でした。「この人、次は何をするんだろう？」「どこにパスを出すんだろう？」。若手の頃は、そんなことをよく考えていました。

中村憲剛さんも、そのうまさに魅了された一人。プロ入り前に川崎フロンターレの練習に参加して間近でプレーを見たときから、技術の高さに唸らされました。彼は一発で、ゴールにつながるパスが出せるので、対戦相手としては怖くて気の抜けない存在でした。

遠藤保仁さんも同じ。プレーに独特の雰囲気があって、彼を止めようと近づくだけで、それ以上何もできなくなるような緊張感を纏《まと》っているんです。〝試合の肝を知っている〟と思わせる、敵としては嫌な存在でした。

自分にとってのスターたちは、生きる道の先を行っていました。彼らへとつながる道を走り、あるときは追いつき一緒に走れたことは貴重な経験でした。

2014年4月29日 川崎フロンターレ戦

2019年3月10日 ヴィッセル神戸戦

## サッカー選手としての幸せ

サッカーを通して、たくさんの夢を叶えることができました。本大会には出場することはできなかったけれど、W杯の舞台を間近で観られたことに感動しました。それから、東日本大震災のチャリティーマッチでは、小さい頃からの憧れであるカズさんとともにプレーして、僕自身も大きな力をもらいました。２０１１年の川崎フロンターレ戦との再開戦での勝利も、「またサッカーがしたい」という願いが叶った瞬間です。

僕のプレーを見てサッカーを好きになったという手紙をいただいたことがあります。自分自身はただサッカーが好きで、その気持ちだけを原動力にやり続けてきたけれど、その姿を見て喜んでくれる人がいたり、「パワーをもらった」と言ってくれる人がいる。プロサッカー選手としてすごく幸せで、認めてもらえたと感じられる瞬間です。

一緒にプレーした仲間たちから「一緒にやれて楽しい」「プレーしやすい」と言われたときもうれしい瞬間です。何気ないプレーで、僕だけでなく、誰かを輝かせることもできる。その結果として、自分という存在を喜んでもらえる瞬間が好き。「お前がいてくれてよかったよ」というのは、何よりもうれしい一言です。

## 軌道を描いて

若手選手や新加入選手が試合に出れば、その一方で自分が出られなくなる。そうなると、違う選択肢を模索しないといけません。最終的には「引退」という文字が頭に浮かんできます。

でも、僕は選手として晩年になればなるほど、「こんなに負けず嫌いだったんや」と思う場面が多々ありました。敵意をむき出しにするわけではなく、あきらめが悪いんです。最後までもがいて、あがいて、「負け」を認めたくない。

今だって、アカデミーの指導に行けば、子どもたち相手でも負けたくない。心の中でうまい子に対抗心を燃やして、「まだまだだ」と自分の力を示したくなる。根っからの負けず嫌いです。

加えて、自分で決めたことは意地でも曲げない、筋金入りの頑固者。「こう決めたから」と言ったら、それが毎日の筋トレであろうと、試合に出続けるということであろうと、黙々とそれに向かってやり続ける。人の意見に流されることはありません。

そんな負けず嫌いの頑固者が、キャプテンとして選手たちを率いて戦ってきたんです。

自分なりに責任感を持って、背中で示してきたつもりですが、仲間にはいろいろと迷惑をかけたかもしれません。それでも、多くの仲間たちに支えられて、選手としても人間的にも成長できたと感謝しています。

サッカーに国境はない。チームメイトとしていろいろな国から集まった選手と心を一つにして戦ったし、喜びを分かち合いました。朝鮮代表の一員として日本代表と戦ったときには、ベガルタ仙台のサポーターは対戦相手の僕にも声援を送ってくれました。どこの国の誰であろうと、必死になって戦う選手の姿にサポーターも心を動かされ、応援で後押しをしてくれるのです。サッカーのすばらしさを感じた瞬間です。

現役時代、フリーキックが僕の武器になりました。ボールをセットし、様々なコースを頭の中でシミュレーションします。

何度も何度も練習で蹴ったからこそ、イメージは鮮明。あとはそのコースどおりに蹴ることができるかどうか。頭で計算するのではなく、最後は自分を信じて足を振りぬくだけ。

コツコツと地道に続けてきた努力は、必ず報われます。それはチームメイトにも、家族にも、関わるすべての人たちにも見せてこられたと思っています。毎日真剣に取り組んでいた練習は、様々な苦しい局面で自分を信じるきっかけになりました。

一期一会のすばらしい出会いに彩られたサッカー人生でした。僕のサッカー人生というレールは、紆余曲折もありましたが、最終的には素晴らしいゴールにたどりついたと思っています。

ゴールに吸い込まれるフリーキックのように、これからも人生の軌道を描いて生きていきたいと思います。

2024年8月14日「梁勇基引退試合 in 大阪」

阪南大学サッカー部OBの懐かしい顔ぶれとサッカーを楽しむ

# あとがき

この本のために幼いころから今までを振り返っていると、本当にたくさんの人たちとのつながりを実感しました。

在日朝鮮人として生まれ、サッカーに出会い、ともにサッカーに打ち込んだ仲間たち、阪南大学でサッカーもプライベートも充実させてくれた仲間たち、ベガルタ仙台やサガン鳥栖の歴代の監督やチームメイト、家族、そしてサポーターのみなさん。どれかひとつでも欠けたら、20年のプロサッカー人生は続けられなかったと思います。

プロ入りの紆余曲折、入れ替え戦、J1昇格。また、東日本大震災やコロナ禍といった苦難もありました。どんなときでも、周りには支えてくれる人たちがいました。

引退発表のあと、地元の仲間たちは大阪での引退試合を準備してくれました。当日は、大阪朝鮮中高級学校サッカー部OBと阪南大学サッカー部OBが集まっての盛大な引退試合となり、みんなの顔を懐かしみながら楽しい時間が過ごせました。彼らと一緒にプレーしていた頃にはプロになれるかどうかもわからなかったのに、20年も現役を続けてこられたのは多くの仲間たちが後押ししてくれたからです。

サッカーというスポーツを通してたくさんの人に出会い、その人たちとの縁を頼りに道をつくってきました。支えてくれた皆さんに、いろいろな形で恩返ししていければと思っています。

この先の道はまっすぐになるか、曲がりくねるのか、まだ僕にもわかりません。それでも、新たな縁ができるのを楽しみながら歩んでいきたいと思います。

大阪での引退試合の後半は、大阪朝鮮中高級学校サッカー部OBチームで出場

かつてのチームメイトと恩師の前で涙のスピーチ

仲間たちからの胴上げでに笑顔

# 梁 勇基

Ryang Yong-gi

MF
1982年1月7日生
出身地：大阪府
173cm/72㎏

【チーム歴】
泉州朝鮮初級→南大阪朝鮮中級→大阪朝鮮高→阪南大
→ベガルタ仙台→サガン鳥栖→ベガルタ仙台

【代表歴】
2008年～2012年、2015年、2017年
朝鮮民主主義人民共和国代表

| J1リーグ出場数 | J2リーグ出場数 |
|---|---|
| 297試合<br>※サガン鳥栖在籍時の29試合も含む | 280試合 |

| 天皇杯出場数 | ベガルタ仙台所属試合出場数 |
|---|---|
| 27試合 | クラブ歴代1位 616試合<br>※カップ戦&天皇杯&ACLも含む |

| Jリーグ連続試合出場記録 | ACL通算出場数 |
|---|---|
| 213試合 | 5試合 |

# PROFILE & BIOGRAPHY 2004-2023

**Jリーグ初出場**

2004年4月11日
サガン鳥栖戦

**Jリーグ初得点**

2004年6月12日
京都パープルサンガ戦

**Jリーグ通算出場数**

577試合

**カップ戦出場数**

39試合
※サガン鳥栖在籍時の3試合も含む

**ベガルタ仙台所属通算得点数**

クラブ歴代1位 82得点
※カップ戦&天皇杯＆ACLも含む

**J2連続試合出場記録**

145試合

2010年10月16日　FC東京戦

10

# 軌道を描いて

2024年12月16日第一刷発行

著　　者　梁 勇基

発 行 人　今野勝彦
編 集 人　岩本拓也

発　　行　株式会社プレスアート
〒984-8516　宮城県仙台市若林区土樋103番地
電話　022-266-0911　FAX　022-266-0912
kappo@pressart.co.jp
https://www.pressart.co.jp/
https://kappo.machico.mu/

企　　画　前澤健二
構成・文　板垣晴朗
写真協力　ベガルタ仙台、サガン鳥栖、土谷創造
校　　閲　齊藤はるみ
装　　丁　佐藤克志（ガッシュデザイン）
印　　刷　株式会社ユーメディア

　ISBN978-4-9912938-4-9